吕氏春秋

中华国学经典精粹

[战国] 吕不韦 编著
臧宪柱 译

北京联合出版公司
Beijing United Publishing Co.,Ltd.

图书在版编目（CIP）数据

吕氏春秋 /（战国）吕不韦编著；臧宪柱译 . -- 北京：北京联合出版公司，2015.7（2022.8 重印）

（中华国学经典精粹）

ISBN 978-7-5502-4349-1

Ⅰ . ①吕… Ⅱ . ①吕… ②臧… Ⅲ . ①杂家 ②《吕氏春秋》—通俗读物 Ⅳ . ① B229.2-49

中国版本图书馆 CIP 数据核字（2014）第 313705 号

吕氏春秋

作　　者：吕不韦
责任编辑：徐秀琴
封面设计：颜　森

北京联合出版公司出版
（北京市西城区德外大街 83 号楼 9 层　100088）
北京华夏墨香文化传媒有限公司发行
三河市东兴印刷有限公司印刷　新华书店经销
字数 130 千字　880 毫米 ×1230 毫米　1/32　5 印张
2019 年 5 月第 2 版　2022 年 8 月第 15 次印刷
ISBN 978-7-5502-4349-1
定价：36.00 元

前言

在中国浩瀚的文学著作海洋中，有这样的一部巨著，它出现于先秦诸子晚期，收录大量的古代趣闻逸事，综合了儒、道、墨、法、兵、农、纵横、阴阳家等各家思想的精华。它便是集先秦诸子百家之大成的《吕氏春秋》。

《吕氏春秋》是秦国丞相吕不韦组织其门客编纂的杂家著作。全书共分为十二纪、八览、六论共二十六卷一百六十篇，全书从养生之道、教学道理、音乐理论谈到军事问题、人的品质问题等，从开天辟地讲到做人务本之道，从治国之道出发，讨论了君主对国家的治理。《吕氏春秋》总结了诸多历史经验教训，为之后秦国的统治提供了治国方略，其书博采众长，无所不有，杂而不乱，对后世也产生了巨大的影响。

对于今人来说，不论是从养生求学还是为人处世、修身养性等方面来看，《吕氏春秋》都具有重要的指导意义与参考价值，同时也是我们研究古代文化与思想、社会潮流发展与风俗人情等的珍贵参考资料。它较为合理而完善地向我们展示了古代思想与治国方针，它的哲学思想、政治思想、治国方针等无不值得我们去认真研究与选择性地学习。

在古人的智慧与思想中徜徉，在生动精彩的故事里体会做人的道理与做事的方式，在精彩的对话和情节中学习古人的睿智与进取，去看古人自我反思与精益求精的态度，来提升和完善自我，如此种种，值得我们学习深思，时时品读，取其精华去其糟粕。

目录

纪

览

论

纪

孟春纪·本生[①]

【原文】

始生之者，天也；养成之者，人也。能养天之所生而勿撄[②]之谓天子。天子之动也，以全天为故者也。此官之所自立也。立官者，以全生也。今世之惑主，多官而反以害生，则失所为立之矣。譬之若修兵者，以备寇也。今修兵而反以自攻，则亦失所为修之矣。

【注释】

①本生：阴阳家的学说，即以养生为本。 ②撄（yīng）：触犯。

【译文】

最开始产生生命的是天，养育生命并让它成长的是人。可以保养上天所产生的万物而不触犯它的为天子。天子的一举一动就是做保全人的天性以及生命的事。此为设置官职的缘由所在。设置官职是为了保全生命。如今世上糊涂的君主，滥设官吏而导致妨害生灵，这就失去了设置官吏的原本意义。就好像操练军队是用以防备寇贼，而现在操练军士反用来攻击自己，那么便没有了操练军队的意义。

【原文】

夫水之性清，土者抇[①]之，故不得清。人之性寿，物者抇之，故不得寿。物也者，所以养性也，非所以性养也。今世之人，惑者多以性养物，则不知轻重也。不知轻重，则重者为轻，轻者为重矣。若此，则每动无不败。以此为君，悖；以此为臣，乱；以此为子，狂。三者国有一焉，无幸必亡。

【注释】

①扫（gǔ）：搅乱。

【译文】

水本来是清澈的，泥土让它浑浊，于是水无法保持清澈。人本来是长寿的，物欲使得它迷乱，所以无法获得长寿。外物本来是用以供养生命的，而非用生命来追求它。现在，很多被迷惑的人都拿着生命去求取外物，分不清孰轻孰重。不会辨别轻重，那么就会将重的看成是轻的，而把轻的看成是重的。如果都是这样，那么不管是做什么事情，都没有不失败的。用这样的态度去当君主，是谬误的；用这样的态度去当大臣，会败乱纲纪；以这样的态度去当儿子，就会狂傲无礼。这三种情况中，国家只要有其中一样，就无法生存下去，迟早会亡国。

【原文】

今有声于此，耳听之必慊[①]已，听之则使人聋，必弗听。有色于此，目视之必慊已，视之则使人盲，必弗视。有味于此，口食之必慊已，食之则使人喑[②]，必弗食。是故圣人之于声色滋味也，利于性则取之，害于性则舍之，此全性之道也。世之贵富者，其于声色滋味也，多惑者。日夜求，幸而得之则遁焉。遁[③]焉，性恶得不伤？

【注释】

①慊（qiè）：快意，满足。 ②喑（yīn）：哑。 ③遁：通“循”，意为放纵流逸而无法自禁。

【译文】

假如有一种声音，耳朵听了后感到十分满意，但听了后就会让人耳聋，人就一定不会去听。有这样一种颜色，眼睛看了会感到很满足，但是看完之后就会失明，人就一定不会去看。有这样的一种滋味，嘴上尝了会非常满足，但吃完后就会变成哑巴，那就一定不会去吃。因此，圣人对于声、色、滋味这些东西，对生命有利的就会选择，对生命不利的就会放弃。这就是保全生命的办法。世上富贵的人，对声、色、滋味大多都不懂得，他们日夜追求这些东西，一旦有幸得到了，就放纵自己无法自禁。如此放纵，生命怎会不受到伤害？

【原文】

万人操弓，共射一招[①]，招无不中。万物章章[②]，以害一生，生无不伤；以便一生，生无不长。故圣人之制万物也，以全其天也。天全，则神和矣，目明矣，耳聪矣，鼻臭矣，口敏矣，三百六十节皆通利矣。若此人者，不言而信，不谋而当，不虑而得；精通乎天地，神覆乎宇宙；其于物无不受也，无不裹也，若天地然；上为天子而不骄，下为匹夫而不惛[③]。此之谓全德之人。

【注释】

①招：箭靶子。　②章章：明媚繁盛的样子。　③惛（mèn）：同“闷”，忧闷。

【译文】

一万个人拿起弓箭，共同射向同一个目标，目标不可能不被射中。世上万物茂盛，如果用来伤害一个生命，这个生命不可能不被伤害；如果用来涵养一个生命，那么这个生命没有不成长的。因此圣人支配万物，是用来保全他们的天性。只有保存好了天性，才能够精神和畅，耳聪目明，嗅觉灵敏，伶牙俐齿，全身的所有关节筋骨就都通畅利索了。像这样的人，就算不说话也能够直接取信于人，即使不做谋划，做事也能处处得当，不用考虑太多就可以成功。他们的精神和天地相通，覆盖宇宙。对于外物，他们没有不接受的，没有不包容的，胸怀如同天地一样广阔。即使当了天子也不会骄傲，当了普通百姓也不会烦恼。这就能够称为道德完美的人。

【原文】

贵富而不知道，适足以为患，不如贫贱。贫贱之致物也难，虽欲过之，奚由？出则以车，入则以辇，务以自佚①，命之曰“招蹷②之机”。肥肉厚酒，务以自强，命之曰“烂肠之食”。靡曼皓齿③，郑卫之音，务以自乐，命之曰“伐性之斧”。三患者，贵富之所致也。故古之人有不肯贵富者矣，由重生故也；非夸以名也，为其实也。则此论之不可不察也。

【注释】

①佚（yì）：同“逸”，逸乐。 ②蹷（jué）：足病。 ③靡曼皓齿：指美色。靡曼，指肌肤细腻。

【译文】

富贵却不懂得养生的方法，恰恰就足以成为祸患，这样还不如贫贱的人。贫贱的人想要获得外物也不容易，就算想过分追求外物，有什么办法呢？出行就坐车，进门就坐辇，太过于安逸享乐，这辇车应该被叫作“招致脚病的器械”。恣肆酒肉，想要用此来强健身体，这酒肉应该被叫作“让肠胃溃烂的食物”。贪图美色和淫靡之音，一味放纵享乐，这些应该被叫作“伐乱心性的利斧”。这三种隐患，都是富贵所招来的。因此古人有的不愿意招致富贵，正是因为看重生命的缘故，并非为了博取名声，而是为了养生。这些道理是一定要明察的。

孟春纪·去私①

【原文】

天无私覆也，地无私载也，日月无私烛也，四时②无私行也，行其德而万物得遂③长焉。

【注释】

①去私：驱除私心。 ②四时：春、夏、秋、冬四季。 ③遂：成。

【译文】

上天并非因一己之私而覆盖世间万物，大地也并非因一己之私而承载世间万物，太阳与月亮都不是因一己之私而照耀世间万物的，四季也绝不是因自己的需要才运行不息的，它们均是根据自己的准则去运行，于是天下万物才能够生生不息。

【原文】

黄帝言曰："声禁重，色禁重，衣禁重，香禁重，味禁重，室禁重。"①

【注释】

①"黄帝言曰"以下数句：与前后文义并不相关，苏时学推断："盖必《重己》篇内所引，而后人转写错误，混入此篇者。"

【译文】

先祖黄帝曾说过："欣赏音乐要禁止淫靡；对于女色要禁止过度迷恋；对于衣服要禁止过度讲究，对于香料要禁止过度浓烈，对于食物要禁止过度丰美，对于宫室要严禁过度铺张。"

【原文】

尧有子十人，不与其子而授舜；舜有子九人，不与其子而授禹：至公①也。

【注释】

①公：公平、公正。

【译文】

尧膝下有十个儿子，可他没有将帝位传给自己的儿子，而是传给了有德行、有才能的舜；后来舜生了九个儿子，他也没有选择自己的儿子来继位，而是将王位传给了有德行、有才能的禹，他们最为公正无私。

【原文】

晋平公问于祁黄羊①曰："南阳②无令，其谁可而为之？"

祁黄羊对曰："解狐[3]可。"平公曰："解狐非子之雠邪？"对曰："君问可，非问臣之雠也。"平公曰："善。"遂用之。国人称善焉。居有间，平公又问祁黄羊曰："国无尉，其谁可而为之？"对曰："午[4]可。"平公曰："午非子之子邪？"对曰："君问可，非问臣之子也。"平公曰："善。"又遂用之。国人称善焉。孔子闻之曰："善哉，祁黄羊之论也！外举不避雠，内举不避子。"祁黄羊可谓公矣。

【注释】

①晋平公：晋悼公的儿子。祁（qí）黄羊：晋国大夫。据《左传》记载，祁黄羊荐贤的事发生在晋悼公的时候。 ②南阳：在今河南获嘉县北。 ③解狐（xiè hú）：晋国大夫。 ④午：祁午，祁黄羊的儿子。

【译文】

晋平公问祁黄羊说："南阳这个地方现在正好缺一个县令，我想问一问你，有没有什么人能够担当这个重任呢？"祁黄羊答道："我觉得解狐这个人能够担当这个重任。"晋平公非常惊讶地说："解狐这个人与你是仇人吧？"祁黄羊回答道："大王仅仅是问我有谁能够担当这个重任，又没有问我谁是我的仇人。"晋平公赞赏道："好胸襟。"于是任用解狐为南阳县令。全国的老百姓没有一个不拍手称赞的。又过了一段时间，晋平公又问祁黄羊道："如今国家需要一个校尉，我想问问你，是否有合适人选能够担当这个重任呢？"祁黄羊回答道："我觉得祁午这个人能够担当这个重任。"晋平公再次惊讶地说："祁午不正是你的儿子吗？"祁黄羊回答道："大王你仅仅是问我何人可以担当这个重任，又没有问我的儿子是谁。"晋平公称赞道："好胸襟。"于是就任用祁午为校尉。全国的老百姓没有一个不拍手称赞的。孔子听到这件事情之后感慨："好胸襟啊！祁黄羊说得好，在推举人才的时候，他没有忌讳任用自己的仇人，也没有忌讳举荐自己的儿子。”祁黄羊真的能够称得上是公正无私了。

【原文】

墨者有钜子腹䵍[①]，居秦，其子杀人，秦惠王曰：“先生之年长矣，非有他子也，寡人已令吏弗诛矣，先生之以此听寡人也。”腹䵍对曰：“墨者之法曰：‘杀人者死，伤人者刑。’此所以禁杀伤人也。夫禁杀伤人者，天下之大义也。王虽为之赐[②]，而令吏弗诛，腹䵍不可不行墨者之法。”不许惠王，而遂杀之。子，人之所私也，忍所私[③]以行大义，钜子可谓公矣。

【注释】

①墨者：战国时候的墨家学派，创始人是墨翟（dí）。腹䵍（tūn）：墨家学派中做出巨大成就的人物，所以叫作“钜子”，即大师。②为之赐：赐给我恩惠。指秦惠王赦免腹䵍儿子的死罪。③忍所私：指忍痛杀所私。忍，忍心，这里是忍心杀掉的意思。所私，这里就是儿子的意思。

【译文】

墨家有位大师腹䵍居住在秦国，有一次他的儿子杀了人，被抓到了官府，秦惠王对腹䵍说：“老先生您年纪大了，就这一个儿子，我已经下令官府的人免去你儿子的死罪，您这次就听我的安排吧。”腹䵍回复说：“墨家的法则是这么规定的：‘杀人者必须偿命，伤人者必须受到刑法的制裁。’唯有如此才可以杜绝残害他人的事情出现。杜绝残害他人的事情出现，这是天下都认可的大义。因此就算是大王你对我有所恩赐，让官府免了我儿的死罪，但我还是不能够违反墨家的法则。”于是，他拒绝了秦惠王的提议，他的儿子最终被处死了。人人都非常爱惜自己的儿子，可墨家大师腹䵍舍弃一己之私而推行正义，他算得上是公正无私的人了。

【原文】

庖人[①]调和而弗敢食，故可以为庖。若使庖人调和而食之，则不可以为庖矣。王伯之君亦然。诛暴而不私，以封天下之贤者，故可以为王伯。若使王伯之君诛暴而私之，则亦不可以为王伯矣。

【注释】

①庖（páo）人：厨师。

【译文】

厨师调和制作美味佳肴却不会私自食用，于是能够成为一个厨师。如果一名厨师一边做出美味一边偷偷吃的话，就不能够成为厨师了。同理，成就大业的君主也是这样的，铲除天下的残暴之人，同时不因一己之利而徇私枉法，而是借此劝喻天下的贤士，那么就能够成就霸业。但是，如果身为君王公卿，铲除天下的残暴之人，却因为一己之利而徇私枉法，那么这样的君主也就无法真正成就霸业了。

仲春纪·功名[①]

【原文】

由其道，功名之不可得逃，犹表[②]之与影，若呼之与响。善钓者，出鱼乎十仞之下，饵香也；善弋者，下鸟乎百仞[③]之上，弓良也；善为君者，蛮夷[④]反舌殊俗异习皆服之，德厚也。水泉深则鱼鳖归之，树木盛则飞鸟归之，庶草茂则禽兽归之，人主贤则豪杰归之。故圣王不务归之者，而务其所以归。

【注释】

①功名：即求得功名之道。主旨是“悦近来远”。本篇阐述儒家学说。 ②表：表木。在道旁竖一木杆，上横一短木，表示可以向君王提意见。后转为装饰之物。 ③仞：古代以七尺或八

尺为一仞。 ④蛮：古代南方的民族。夷：古代东方的民族。

【译文】

遵循正确的道路去求取功名，功名就不会逃脱掉，就好比横木与影子，回应与呼唤一般。善于垂钓的人可以将七十尺水下的鱼钓上来，原因在于鱼饵美味。善于射猎的人可以将七百尺高空的鸟儿射下来，原因在于弓箭好。擅长做君主的人，能够让四方的民族都归顺于他，原因在于他德高望重。鱼鳖会游向深邃的泉水处，鸟儿喜欢飞翔在茂盛的树林里，百草繁茂就能够吸引禽兽来栖息，君主贤能就能够吸引豪杰义士来投靠。因此圣明的君王并不是要勉强他人来归顺自己，而是努力创造人们主动归依的条件。

【原文】

强令之笑不乐；强令之哭不悲；强令之为道也，可以成小①，而不可以成大。

【注释】

①小：指虚名。

【译文】

强迫人笑，并非真的快乐，强迫人哭，得到的也是假悲伤，强制性的命令只能够成就虚名，却无法成就大业。

【原文】

缶醯①黄，蚋聚之，有酸；徒水则必不可。以狸致鼠，以冰致蝇，虽工，不能。以茹鱼②去蝇，蝇愈至，不可禁，以致之之道去之也。桀、纣以去之之道致之也，罚虽重，刑虽严，何益？

【注释】

①醯（xī）：醋。 ②茹鱼：腐臭的鱼。

【译文】

水缸的醋长了黄衣，蚊子就会聚在上面，是酸味吸引了它们，如果只是有水就一定不会这样。用狸猫来招引老鼠，用冰块来招引苍蝇，就算再精巧，也不可能招引它们来。拿着腐臭的鱼去撵苍蝇，苍蝇会越来越多，难以禁止，这是因为用招引的方法去驱赶它们的缘故。桀、纣用破坏太平的方式去对待百姓以维护安定，就算是使用更多的严刑峻法，又能有什么益处？

【原文】

大寒既至，民暖是利；大热在上，民清是走。故民无常处，见利之聚，无之去。欲为天子，民之所走，不可不察。今之世，至寒矣，至热矣，而民无走者，取①则行钧也。欲为天子，所以示民，不可不异也。行不异乱，虽信②今，民犹无走。民无走，则王者废矣，暴君幸矣，民绝望矣。故当今之世，有仁人在焉，不可而不此务；有贤主，不可而不此事。

【注释】

①取：通“趣（qū）”，趋向，奔赴。 ②信：通“伸”。

【译文】

大寒到来时，人们最需要的是温暖；大暑在即时，人们最需要的是清凉。因此，百姓没有固定的住所，看到好处就聚拢过去，没有好处就四散离去。想要成为天子，百姓逃亡的原因一定要察觉。现在世道正是非常寒冷、非常酷热的时候，但是百姓并没有逃亡，原因在于，不管逃到哪儿，那些地方的君主都一样残酷。所以想要成为天子，拿来显示在百姓面前的，就不可以与别的国家没有差别。如果君主的行为和暴乱之君没有什么不同，那么就算是强制命令，百姓也不会归顺。如果百姓不归顺，那么君王就会被废除了。如果暴君幸运地没有被废除，那么百姓就会陷入绝望。因此，如今如果有仁义的人存在的话，就不可以不追求仁义，如果有贤能的君主，就一定要注意仁义的事情。

【原文】

贤不肖不可以相分，若命之不可易，若美恶之不可移。桀、纣贵为天子，富有天下，能尽害天下之民，而不能得贤名之。关龙逢、王子比干①能以要领之死争其上之过，而不能与之贤名。名固不可以相分，必由其理。

【注释】

①关龙逢：夏朝大臣，因多次进谏，被夏桀杀害。王子比干：商纣的叔父，因多次劝谏纣王而被剜心。

【译文】

贤德的名声与忤逆的名声不能任由他人给予，全由自己的言行举止决定。正如命数不可扭转，美与丑不能互换一样。桀、纣贵为天子，坐拥天下财富，害遍天下的百姓，却无法得到贤德的名声。关龙逢、王子比干能用死来规劝他们君主的过错，却不能给予他们贤德的名声。名声本来就无法由别人来给予，只能遵循一定的途径来获得。

季春纪·尽数①

【原文】

天生阴阳、寒暑、燥湿、四时之化、万物之变，莫不为利，莫不为害。圣人察阴阳之宜，辨万物之利以便生，故精神安乎形，而年寿得长焉。长也者，非短而续之也，毕其数也。毕数之务，在乎去害。何谓去害？大甘、大酸、大苦、大辛、大咸，五者充形则生害矣。大喜、大怒、大忧、大恐、大哀，五者接神则生害矣。大寒、大热、大燥、大湿、大风、大霖、大雾，七者动精则生害矣。故凡养生，莫若知本，知本则疾无由至矣。

【注释】

①尽数：享受天年。意思是要重视养生之道，这是方技家之言。

【译文】

天产生阴阳、寒暑、燥湿、四时的更替，万物变化，没有不借助它而获得益处的，没有不因为它而产生坏处的。圣人洞察阴阳变化的合宜之处，辨别万物有利的一面来方便自己的生存，因此精神在形体中安放，得以使生命长久。生命长久，就是不夭折同时让生命延续终其天年。终其天年的重点在于去除害处。那么何为去除害处呢？过甜、过酸、过苦、过辣、过咸，如果此五种味道充斥身体中，就会对身体产生危害。过于高兴、生气、担忧、惊恐、悲伤，此五种情绪与精神交接，就会对人的生命产生害处。过分寒冷、酷热、干燥、潮湿、刮风、下雨、降雾，此七种气象扰动了人的精气，就会对人的生命产生害处。因此，只要是保养生命的事，没有比知道生命这个根本更重要的了。懂得根本之所在，病痛就没有机会来了。

【原文】

精气[①]之集也，必有入也。集于羽鸟，与为飞扬；集于走兽，与为流行；集于珠玉，与为精朗；集于树木，与为茂长；集于圣人，与为敻明。精气之来也，因轻而扬之，因走而行之，因美而良之，因长而养之，因智而明之。

【注释】

①精气：万物的阴阳元气。

【译文】

精气汇集在一起，一定要有一个寄托的地方。聚集于飞鸟中，就表现为飞翔；聚集于走兽间，就表现为行走；聚集于珠宝玉器中，就会像珠宝玉器一样晶莹润朗；聚集于树木间就表现为繁茂；聚集于圣人中，就会像圣人一样睿智。精气到来，依附于轻捷的飞鸟上而让它在空中飞翔，依附于奔跑的野兽而让它行走，依附于华美的形体上而让它更为华美，依附于成长的树木上而让它更加繁茂，依附于睿智的圣人而让它更加明智。

【原文】

流水不腐，户枢不蝼，动也。形气亦然，形不动则精不流，精不流则气郁。郁处头则为肿、为风，处耳则为挶[①]、为聋，处目则为𥌒[②]、为盲，处鼻则为鼽[③]、为窒，处腹则为张、为疛[④]，处足则为痿、为蹷。

【注释】

①挶（jú）：耳重听的疾病。 ②𥌒：眼睛分泌物。 ③鼽（qiú）：鼻子不通畅。 ④张：腹胀。疛（zhǒu）：肚子痛。

【译文】

流动的水不会腐败发臭，转动的门轴不会生虫朽烂，这是由于不断运动的原因。形体与精气也是相同的道理。形体不动，那么精气就不会运行，精气如果不运行，就会郁结住。郁结在头部就会引起肿痛和头风，郁结在耳部就会引起重听或耳聋，郁结在眼部就会出现眼屎或盲疾，郁结在鼻子就会引起鼻塞，郁结在腹部就会出现腹胀，郁结在脚部就会引起脚麻或者疼痛。

【原文】

轻水所，多秃与瘿人；重水所，多尰[①]与躄人；甘水所，多好与美人；辛水所，多疽与痤人；苦水所，多尪[②]与伛人。

【注释】

①尰（zhǒng）：脚肿病。 ②尪（wāng）：有残疾的人，如矮子、跛子。

【译文】

在含盐分以及矿物质少的水区，会有秃头、咽喉患病的人；在含盐分以及矿物质多的水区，会有脚肿麻痹的人群；在水味甘美的地区，人们都美好而有福相；在水味辛辣的地区，多有长恶疮和生皮肤病的人群；在水味苦涩的地区，多有驼背和患鸡胸的人群。

【原文】

凡食，无强厚，烈味重酒，是之谓疾首。食能以时，身必无灾。凡食之道，无饥无饱，是之谓五藏之葆。口必甘味，和精端容，将之以神气，百节①虞欢，咸进受气。饮必小咽，端直无戾。

【注释】

①百节：周身关节。

【译文】

凡饮食，口味最好不要太强烈厚重，不要用过于强烈的味道，还有浓烈的酒去调味，这些都是致病的根源。饮食有节制，身体就一定不会出现病痛。饮食的原则就是，不要吃得太撑也不要过于饥饿，唯有如此五脏才能够得到安适。饮食时一定要吃可口的食物。进食时要调和精气，仪容端正，用饱满的精神状态去进行饮食，如此，全身都会处于欢愉的状态中，都能够受到精气的滋养。饮食的时候一定要小口慢咽，端正坐姿，不要扭曲歪斜。

【原文】

今世上卜筮祷祠，故疾病愈来。譬之若射者，射而不中，反修于招①，何益于中？夫以汤止沸，沸愈不止，去其火则止矣。故巫医毒药，逐除治之，故古之人贱之也，为其末也。

【注释】

①招：箭靶。

【译文】

现下人们崇尚占卜祭祀，疾病反而越来越增加。这就好比是射箭，射不中靶心，不查找自己的原因，反而去修理靶子，这对于射中箭靶能有什么帮助呢？用滚开的水去阻止水沸腾，水不会停止沸腾，撤去下面的火，水自然就止沸了。因此，用巫医毒药去驱除、治疗疾病，古人都轻视这些东西，因为这些做法对于养生来说就是舍本逐末。

季春纪·论人[①]

【原文】

主道约，君守近。太上反诸己，其次求诸人。其索[②]之弥远者，其推之弥疏；其求之弥强[③]者，失之弥远。

【注释】

①论人：论说反省自身和要求于人的关系。本篇阐述的是道家伊尹学派的说法。 ②索：求。 ③强：远。

【译文】

为君之道其实很简单，君王的操守在于自身。首先就是要向自己求得，其次再去要求他人。越是对别人的索求深远，别人就越疏远他，越是对别人的要求强烈，那么失去的就会越多。

【原文】

何谓反诸己也？适耳目，节嗜欲，释智谋，去巧故，而游意乎无穷之次，事心乎自然之涂。若此则无以害其天[①]矣。无以害其天则知精，知精则知神，知神之谓得一。

【注释】

①天：天性。

【译文】

什么叫向自己求得呢？就是要让耳目适宜，节制喜好欲望，放弃算计人的阴谋，摒弃工巧故作的姿态，让自己的意识漫游于无穷无尽的空间中，使自己的思想立于无为的境界中，能够这样的话，就没有什么能够对自己的天性有所损坏了。没有损害天性，就能够懂得精微的道理，懂得精微的道理就能够懂得事理的玄妙，懂得事理的玄妙就可以算作是得道了。

【原文】

凡彼万形，得一后成。故知一，则应物变化，阔大渊深，不可测也；德行昭美，比于日月，不可息也；豪士时之，远方来宾[①]，不可塞也；意气宣通，无所束缚，不可收也。故知知一，则复归于朴，嗜欲易足，取养节薄，不可得也；离世自乐，中情洁白，不可量也；威不能惧，严不能恐，不可服也。故知知一，则可动作当务，与时周旋，不可极也；举错以数，取与遵理，不可惑也；言无遗者，集于肌肤，不可革也；谗人困穷，贤者遂兴，不可匿也。故知知一，则若天地然，则何事之不胜？何物之不应？譬之若御者，反诸己，则车轻马利，致远复食而不倦。

【注释】

①宾：归顺。

【译文】

所有的万物万状，只有得道以后才能够修成正果。因此懂得了得道的道理，就能够适应万物的变化而变。变化博大精深，无法预测。德行昭彰美好，可与日月并存，不会泯灭。豪杰贤士就会应时而来，宾客自远方归服，不可遏止。精神、元气就能够宣泄通畅，无拘无束。因此，懂得了得道的道理，就能够返璞归真，自己的喜好与欲望容易满足，有节制并少量地取用养身之物，而不是去占有它，就能够超脱世俗自得其乐，内心世界就能够洁白无瑕，不会轻易被污染。威吓、严厉不可使他屈服。因此，懂得了得道的道理，就能够做到言行举止合宜，随着时势去应酬交际，不会走上穷途末路。举止得体，合乎常理，不会迷乱。言语得体合理，不会吞吞吐吐，能够言无过失，让人的肌肤有所感触，不可随意更改。奸人穷困潦倒，贤者意气风发，谗佞贤能都不可隐匿。因此，懂得了得道的道理，就能够如同天地一样，那还有什么事情无法解决，什么事物无法应对的呢？就好比驾车的人，反过来要求自己，那么就能够车轻马快，就算跑很遥远的路再吃饭，中途也不会感到困倦。

【原文】

昔上世之亡主，以罪为在人，故日杀僇而不止，以至于亡而不悟。三代之兴王，以罪为在己，故日功而不衰，以至于王。

【译文】

以前的亡国君主总觉得亡国的过错在于他人身上，因此每天都不停止杀戮，以至于亡国了也还不知道醒悟。夏、商、周三代的开国贤君，将罪过担当于自己身上，因此每天不停地建功立业，于是最后成就了王者霸业。

【原文】

何谓求诸人？人同类而智殊①，贤不肖异，皆巧言辩辞以自防御，此不肖主之所以乱也。凡论人，通则观其所礼，贵则观其所进，富则观其所养，听则观其所行，止则观其所好，习则观其所言，穷则观其所不受，贱则观其所不为。喜之以验其守，乐之以验其僻②，怒之以验其节③，惧之以验其特④，哀之以验其人，苦之以验其志。八观六验，此贤主之所以论人也。论人者，又必以六戚四隐。何谓六戚？父、母、兄、弟、妻、子。何谓四隐？交友、故旧、邑里、门郭。内则用六戚四隐，外则用八观六验，人之情伪、贪鄙、美恶无所失矣。譬之若逃雨污，无之而非是。此先圣王之所以知人也。

【注释】

①智殊：即其智有上下高低的差别。殊，不同。 ②僻：邪。③节：约束，节制。 ④特：应为“持”。

【译文】

什么叫向别人求助？人们同是一类，不过智慧并不相同，贤能与奸邪的人不相同。不过人们都用花言巧语来替自己防范，这是昏君迷乱造成的。但凡去评论人时，看他显达时所礼遇的都是什么人，显贵时所举荐的都是什么人，富有时供养的都是什么人，如果听他言，就观察他采纳的都是什么，赋闲在家时就看他喜好的是什么，任职时就观察他进谏的话语是什么，穷困时观察他不接受的东西是什么，贫贱时观察他所不做的事有哪些。让他高兴，借以检验他的节操，让他欢乐，借以检验他有何邪念，让他发怒，借以检验他的节制能力，让他害怕，借以检验他是否能够保持气节，使他悲哀，用以检验他的仁爱之心，令他困苦，以便检验他的意志，以上八种观察和六种检验，就是贤能的君主用以衡量评定人的标准。衡量一个人又必须要从六亲和四隐方面来看。何为六亲？就是指父亲、母亲、哥哥、弟弟、妻子、儿子六种亲属。而何为四隐？就是新朋友、旧相知、乡亲、邻居四种亲近的人。评判一个人的内在就用六亲四隐的方法，评判一个人的外在就用八观六验的方法。如此，人们的真伪、贪婪、卑鄙、善良、邪恶就能够完全知道而没有遗漏了。这就如同在雨中奔跑，不被雨打湿是不可能的，这便是先代圣王用来识别他人的方法。

孟夏纪·诬徒①

【原文】

达师之教也，使弟子安焉、乐焉、休焉、游焉、肃焉、严焉。此六者得于学，则邪辟之道塞矣，理义之术胜矣；此六者不得于学，则君不能令于臣，父不能令于子，师不能令于徒。

人之情，不能乐其所不安，不能得于其所不乐。为之而乐矣，奚待贤者？虽不肖者犹若劝之。为之而苦矣，奚待不肖者？

虽贤者犹不能久。反诸人情，则得所以劝学矣。

子华子曰："王者乐其所以王，亡者亦乐其所以亡，故烹兽不足以尽兽，嗜其脯则几矣。"然则王者有嗜乎理义也，亡者亦有嗜乎暴慢也。所嗜不同，故其祸福亦不同。

【注释】

①诬：欺。徒：学徒弟子。此篇是儒家学派的言论。

【译文】

学识通达的老师施行教育，能够让学生安心、快乐、舒适、从容、庄重、严谨。如果从学习中得到了这六个方面，那么旁门邪道就会被阻止了，正义之道就能够通畅了。如果在学习中没能够得到这六个方面，那么君王就无法号令群臣，父亲就无法命令儿子，老师也无法教训学生。

人之常情，不喜欢做让自己不安心的事，无法从自己不喜欢的事中有所收获。如果做一件事情能够让人感到快乐，别说是让圣贤的人去做，就算是不能成才的人也都会努力去做这件事。如果做一件事情是痛苦的，不用说不能成才的人，就算是圣贤的人也不能长时间地做下去。从人之常情的角度出发，就是学习能有收益因此才劝大家学习。

子华先生说："成就霸业的人喜欢去做那些让自己成就霸业的事情，而亡国的人也喜欢去做那些让他灭亡的事情。因此，烹煮野兽不能将整只野兽都吃完，只吃自己喜欢的肉就差不多了。"如此说来也就是，成就霸业的君主喜好礼义道德，而亡国的人也有喜好暴力傲慢的。他们的喜好不同，于是他们所得到的祸福也就不同。

【原文】

不能教者：志气不和，取舍数变，固无恒心，若晏阴喜怒无处；言谈日易，以恣自行；失之在己，不肯自非，愎过自用，不可证移；见亲权势及有富厚者，不论其材，不察其行，殴而教之，阿而谄之，若恐弗及；弟子居处修洁，身状出伦，闻识疏达，就学敏疾，本业几终者，则从而抑之，难而悬之，妒而恶之；弟子去则冀①终，居则不安，归则愧于父母兄弟，出则惭于知友邑里，此学者之所悲也，此师徒相与异心也。人之情，恶异于己者，此师徒相与造怨尤也。人之情，不能亲其所怨，不能誉其所恶，学业之败也，道术之废也，从此生矣。

【注释】

①冀：希望。

【译文】

不善于教导学生的老师，心智不和谐，取舍变化多端，没有恒心，就如同天气阴、晴、喜、怒变化无常一样；言谈随时在变，放纵自己的行为，自己有了过失却不愿意自我批评，刚愎自用，自以为是而不听别人劝诫加以改正；见到有权势的亲戚还有富者，不观察他们的才华，不注重他们的品行，就跑着去当他们的老师，迎合奉承他们，还担心巴结不及；对于学生中平日里洁身自好，品德美好出众，见闻学识广达，积极勤奋学习请教接近学业完结的学生，却压制他们，有意为难疏远他们，对他们的事悬而不决，嫉妒并厌恶他们。如此一来，学生想离去，却又希望学业能够完成，想留下却得不到安稳，回家就觉得愧对父母兄弟，出门就会愧对朋友乡里，这便是求学者的悲哀，这也是师徒之间彼此心意不同的结果。人之常情是讨厌与自己心意不同的人，这是师徒之间留下怨愤的主要原因。人之常情是无法去亲近自己怨恨的人，无法去称赞自己所讨厌的人，于是学业的颓败、道术的荒废，就这样产生了。

【原文】

善教者则不然。视徒如己，反己以教，则得教之情矣。所加于人，必可行于己，若此则师徒同体。人之情，爱同于己者，誉同于己者，助同于己者，学业之章明也，道术之大行也，从此生矣。

【译文】

善于教育的老师就不是这样了。他们看待学生如同对待自己一样，设身处地去教育学生，如此就能够得到施教的感情。教训别人的，他自己一定能够做到，如果像这样做就是师徒合为一体。人之常情，喜欢与自己相同的人，称颂与自己相同的人，帮助与自己相同的人，学业的彰明，道术的弘扬，就这样产生了。

【原文】

不能学者，从师苦而欲学之功也，从师浅而欲学之深也。草木、鸡狗、牛马，不可谯诟遇之，谯诟①遇之，则亦谯诟报人，又况乎达师与道术之言乎？故不能学者：遇师则不中，用心则不专，好之则不深，就业则不疾，辩论则不审，教人则不精；愠②于师，怀于俗，羁神于世，矜势好尤③，故湛于巧智，昏于小利，惑于嗜欲；问事则前后相悖，以章则有异心，以简则有相反；离则不能合，合则弗能离，事至则不能受。此不能学者之患也。

【注释】

①谯（qiào）：责备。诟（gòu）：辱骂。 ②愠（yùn）：怨，对老师的埋怨。 ③矜：夸耀。尤：优异，突出。

【译文】

不擅长于学习的人，觉得跟从老师学习很苦，却又想学习得到老师的功名；跟着老师学习浅尝辄止，却又想获得精深的知识。就算是草木、鸡狗、牛马，也不可以粗暴地对待它们，如果粗暴地对待它们，它们也会对人们回以粗暴。更何况是对待通达事理的老师以及有关道术的言论呢？因此，不善于学习的人，对待老师不忠诚，用心不专一，喜好一样东西却不去深入学习了解，想成就事业却不去努力，辩论事物却分不清是非，教导别人却并不精心；他们怨恨老师，安于平庸，思想被俗世羁束，自恃权势，常有过失，滥用奸巧心思，贪图小利小惠，沉溺于贪欲中；问事情前后矛盾，言辞详明却又与心相违背，想言辞简约却又啰啰唆唆；分散的事情不会综合，复杂的事情不会分析，就算费了再大的力气，也无法有所成就。这是不善于学习的人的弊病。

孟夏纪·用众

【原文】

善学者，若齐王之食鸡也，必食其跖数千而后足[①]；虽不足，犹若[②]有跖。物固莫不有长，莫不有短。人亦然。故善学者，假[③]人之长以补其短。故假人者遂有天下。无丑[④]不能，无恶[⑤]不知。丑不能，恶不知，病[⑥]矣。不丑不能，不恶不知，尚[⑦]矣。虽桀、纣犹有可畏[⑧]可取者，而况于贤者乎？

故学士曰：辩议不可不为。辩议而苟[⑨]可为，是教也。教，大议也。辩议而不可为，是被褐而出，衣锦而入。

【注释】

①跖（zhí）：鸡爪掌。数千：言众多，并非实数。这句话的意思是：善于学习的人博采众长，像齐王吃鸡一样，必吃鸡跖数千而后满足。 ②犹若：犹然，仍然。 ③假：凭借。 ④丑：以……为耻。 ⑤恶：与“丑”义同，用作意动。 ⑥病：困窘。 ⑦尚：上。 ⑧畏：敬畏。 ⑨苟：如果。

【译文】

善于学习的人，就如同齐王吃鸡一样，一定要吃几千只鸡爪，才能得到满足。就算不满足，依然有鸡爪吃才是。事物本来都有自己的长处以及短处。人也是如此。因此善于学习的人，借助别人的长处来弥补自己的短处。于是善于博采众长处的人就能占有天下。不要将无能看成是羞耻，不要将无知看成是耻辱。将无能看成是羞耻，将无知看成是耻辱，就会陷入困境当中。不将无能与无知看成羞耻，这才是高明的。就算是桀、纣那样的暴君，也还是有值得敬畏可取的地方的，更何况贤能的人呢？

因此有学问的人说，求学者不可以不做辩议。辩议后如果发现某点可以仿效，这就是施教。施教，是需要慎重辩议的。求学者不使用辩议，就好比穿着破旧衣服出门，而穿着华丽衣服归来一般。

【原文】

戎人生乎戎、长乎戎而戎言，不知其所受之；楚人生乎楚、长乎楚而楚言，不知其所受之。今使楚人长乎戎，戎人长乎楚，则楚人戎言，戎人楚言矣。由是观之，吾未知亡国之主不可以为贤主也，其所生长者不可耳。故所生长不可不察也。

【译文】

戎族人生在戎狄之地，在戎狄之地成长，说着戎族的方言，却不清楚自己是从哪里学来的。楚国人生在楚地，在楚地成长，说着楚人的方言，却不清楚自己是从哪里学来的。现在让楚人去戎狄之地成长，让戎人来楚地成长，于是楚人就会讲戎族的言语了，戎人就会讲楚地的言语了。这样看来，我不相信亡国的君主没有可能成为贤德的君主，只不过是他们所生长的环境不允许罢了。因此，生长的环境不能够不注意考察啊。

【原文】

天下无粹[①]白之狐，而有粹白之裘，取之众白也。夫取于众，此三皇五帝之所以大立功名也。凡君之所以立，出乎众也。立已定而舍其众，是得其末而失其本。得其末而失其本，不闻安居。故以众勇无畏乎孟贲[②]矣，以众力无畏乎乌获[③]矣，以众视无畏乎离娄[4]矣，以众知无畏乎尧、舜矣。夫以众者，此君人之大宝也。

田骈[5]谓齐王曰：“孟贲庶乎患术[6]，而边境弗患。”楚、魏之王辞言不说[7]，而境内已修备矣，兵士已修用矣，得之众也。

【注释】

①粹：纯粹。 ②孟贲（mèng bēn）：战国时卫国的勇士，据说可以生拔牛角。 ③乌获：战国时秦国的大力士。 ④离娄：传说为黄帝时期视力最好的人，“能见针末于百步之外”。 ⑤田骈：战国时齐人，道家。 ⑥庶乎患术：几乎苦于无法。庶，几乎。术，策略，办法。 ⑦辞言不说：这里是不贵言辞的意思。

【译文】

天下不存在纯白的狐狸，却有纯白的狐裘，那是从众狐狸中取来的白毛做成的。善于从众人中去吸取优点，这正是三皇五帝能够大建功名的原因所在。但凡君主的确立，都是凭借着众人的力量。一旦确立帝位之后就将众人舍弃，这就是得到细枝末节而丧失了根本的行为。得到细枝末节却丧失根本的君主，从未听说过他们能够安稳长久。因此，依靠大众的勇敢就不用害怕以骁勇出名的孟贲了，依靠大众的力量就不用害怕以力大出名的乌获了，依靠大众的眼力就不用害怕以眼力好而出名的离娄了，依靠大众的智慧就不用害怕赶不上以贤德出名的尧、舜了。依靠大众的力量，此为君主治国的无上至宝。

田骈对齐王说：“孟贲对于众人的力量也觉得忧虑，所以齐国的边境不用担心。”楚国和魏国的君主都不贵言辞，但是国内的各种设施都已经修整完备了，兵士都已经训练有素能够打仗了，这都是得益于众人的力量啊！

仲夏纪·大乐[①]

【原文】

音乐之所由来者远矣。生于度量[②]，本于太一。太一出两仪[③]，两仪出阴阳。阴阳变化，一上一下，合而成章。浑浑沌沌，离则复合，合则复离，是谓天常。天地车轮，终则复始，极则复反，莫不咸当。日月星辰，或疾或徐，日月不同，以尽其行。四时代兴，或暑或寒，或短或长，或柔或刚。万物所出，造于太一，化于阴阳。萌芽始震，凝澳以形。形体有处，莫不有声。声出于和，和出于适。和适先王定乐，由此而生。

【注释】

①大乐：合于道的音乐。这是阴阳家的乐论。 ②度量：古代把音律分成三等分，增或减一分，便产生新的旋律。此指音律度数的增减。 ③两仪：天地。

【译文】

音乐的由来已经非常久远了。它产生于音律度数的增减，本源于太一。太一生天地，天地生阴阳二气。阴阳的变化，一上一下，会合而构成形体。天地最开始形成时是混沌的，它们分离了又复合，复合了又分离，这就叫作自然的永恒规律。天地就像转动的车轮一般，转完了一周又重新开始，到了一定的限度又返回，无不恰到好处。日、月、星、辰的运动，有的快有的慢，虽然太阳和月亮的轨道不相同，但是它们都在各自的轨道上周而复始地运行。春、夏、秋、冬四季交替运行，寒来暑往，白天有短有长，有的季节阴柔，有的季节阳刚。万物的产生全由太一开始，由阴阳二气所化育。阳气变化于是萌芽活动，阴气变化于是凝冻成形。只要是有形体的地方，就一定会有声音产生。声音产生于和谐，和谐来源于合度。先王制定音乐，正是从这个原则出发的。

【原文】

天下太平，万物安宁。皆化其上，乐乃可成。成乐有具[1]，必节嗜欲。嗜欲不辟，乐乃可务。务乐有术，必由平出。平出于公，公出于道。故惟得道之人，其可与言乐乎！

【注释】

①具：准备。

【译文】

天下太平无事，万物安宁祥和，人民都归顺君王，上下相和，音乐才能够创作完成。音乐的创造是有条件的，一定要节制嗜欲。只有嗜欲不放纵，才能够专心从事音乐。从事音乐讲究方法，必须从平和出发。平和产生于公正，公正产生于自然之道。所以只有得道的人，估计才能够与他们谈论音乐吧！

【原文】

亡国戮民，非无乐也，其乐不乐。溺者非不笑也，罪人非不歌也，狂者非不武[1]也，乱世之乐有似于此。君臣失位，父子失处，夫妇失宜，民人呻吟，其以为乐也，若之何哉？

【注释】

①武：通“舞”。

【译文】

被灭亡的国家以及遭受屠杀的人民，不是没有音乐，只是他们的音乐不表达欢乐。即将被淹死的人由于受到刺激反而会笑，即将处以死罪的人有时也会唱歌，精神错乱的人也有手舞足蹈的，乱世的音乐正如同这样的情况。君臣失去正常的位序，父子本分沦丧，夫妻关系失当，百姓痛苦地呻吟，以此来创作音乐，又会怎样呢？

【原文】

凡乐，天地之和、阴阳之调也。始生人者，天也，人无事焉。

天使人有欲，人弗得不求；天使人有恶，人弗得不辟[1]。欲与恶，所受于天也，人不得与焉，不可变，不可易。世之学者，有非乐者矣，安由出哉？

【注释】

①辟：同“避”。

【译文】

大凡音乐均为天地和谐、阴阳调和的产物。最开始生育人的是天，人并未参与其事。天让人有了欲望，人不得不去追求；天让人有了憎恶，人不得不躲避。欲望与憎恶，是从上天那里所秉承下来的，人不得参与其中，不能改，不可变。世上的学者有反对音乐的，这样的主张是从哪里产生的呢？

【原文】

大乐[1]，君臣、父子、长少之所欢欣而说也。欢欣生于平，平生于道。道也者，视之不见，听之不闻，不可为状。有知不见之见、不闻之闻、无状之状者，则几于知之矣。道也者，至精也，不可为形，不可为名，强为之，谓之太一。

【注释】

①大乐：合于道的音乐，与侈乐有别。

【译文】

大乐，是君臣、父子、长幼所欢欣而喜悦的，欢欣来自平和，平和产生于道。所谓道，看它，看不见，听它，听不到，说又说不出形状。有谁能知道在不见中包含着见，在不闻中包含着闻，在无形中包含着形，就能够说差不多懂得道了。道这个东西是最为精妙的，描绘不出它的形状，叫不来它的名字，勉强给它取个名字，就叫“太一”吧。

【原文】

故一也者制令[1]，两也者从听[2]。先圣择两法[3]一，是以知万物之情。故能以一听政[4]者，乐君臣，和远近，说黔首，合宗亲；能以一治其身者，免于灾，终其寿，全其天；能以一治其国者，奸邪去，贤者至，成大化；能以一治天下者，寒暑适，风雨时，为圣人。故知一则明[5]，明两则狂。

【注释】

①一：指道与君王。制令：指为君者制定法令。 ②两：指万物与臣。从听：即听从，指为臣要听从为君的。 ③择：通“释”，放弃。法：取法、效法。 ④以一听政：用“一”的原则（即道的原则）来处理政事。 ⑤知一则明：法一则明照万物。

【译文】

因此，“一”是处于号令、支配的地位的，“两”是服从“一”的指挥的。先代圣王弃“两”取“一”，于是就知道了“一”产生万物的真理。因此用“一”来处理政事的人，可以让君臣欢乐，让亲疏远近和谐一致，让百姓高兴，让骨肉亲族和睦；用“一”去修养身心的人，能够免除灾祸，终其天年，保全天性；用“一”来治理国家的人，能够锄奸去邪，贤人不请自来，实现大治；用“一”去治理天下的人，能够让寒暑适度，风雨及时，而成为圣人。因此懂得取法“一”就能够明照万物，如持“两”，就好像是尊重群臣以虚拟君主，必然会出乱子。

仲夏纪·适音[1]

【原文】

耳之情欲声，心不乐，五音在前弗听；目之情欲色，心弗乐，五色在前弗视；鼻之情欲芬香，心弗乐，芬香在前弗嗅；口之情欲滋味，心弗乐，五味[2]在前弗食。欲之者，耳目鼻口也；乐之弗乐者，心也。心必和平然后乐。心必乐，然后耳目鼻口有以欲之。故乐之务在于和心，和心在于行适。

【注释】

①适音：即音要合乎标准，大不过钧，重不过石。 ②五味：各种滋味。

【译文】

耳朵的作用是听到声音，心中不愉快的话，再美妙的旋律在耳边也听不到；眼睛的作用是看到颜色，心中不愉快的话，就算五彩的颜色在眼前也看不到；鼻子的作用是嗅到芳香，心中不愉快的话，就算各种香味在鼻前也嗅不到。嘴巴的作用是尝到滋味，心中不愉快的话，就算是各种美味在嘴边也不想吃。耳、目、鼻、口这些器官自身是想要发挥作用的，但是决定愉快不愉快的是心情。心情平和才能获得快乐，只有心情愉悦，耳、目、口、鼻这些器官才有机会发挥出它们的作用。因此快乐的要领是心平气和，心平气和就在于行为合宜适当。

【原文】

夫乐有适，心亦有适。人之情：欲寿而恶夭，欲安而恶危，欲荣而恶辱，欲逸而恶劳。四欲得，四恶除，则心适矣。四欲之得也，在于胜理。胜理以治身，则生全以，生全则寿长矣。胜理以治国，则法立：法立则天下服矣。故适心之务在于胜理。

【译文】

愉快要适当，心情也要适当。人的本性是，想要长寿而憎恶夭折，想要安乐而憎恶危险，想要荣誉而憎恶耻辱，想要安逸而憎恶辛劳。四种欲望都能够实现，四种憎恶都能够被排除，那么心情就能适当了。四种欲望的实现，在于遵循事物的情理，遵循事物的情理来修养自身，就能够保全天性，天性得以保全就能够长寿了。遵循事物的情理来治理国家，那么就能够让法制确立，确立了法制天下就服从了。因此，让心情舒适的关键在于遵循事物的情理。

【原文】

夫音亦有适：太巨则志荡，以荡听巨则耳不容，不容则横塞，横塞则振；太小则志嫌[①]，以嫌听小则耳不充，不充则不詹[②]，不詹则窕[③]；太清则志危，以危听清则耳谿[④]极，谿极则不鉴，不鉴则竭；太浊则志下，以下听浊则耳不收，不收则不抟[⑤]，不抟则怒。故太巨、太小、太清、太浊，皆非适也。何谓适？衷，音之适也。何谓衷？大不出钧，重不过石[⑥]，小大轻重之衷也。黄钟[⑦]之宫，音之本也，清浊之衷也。衷也者，适也。以适听适则和矣。乐无太，平和者是也。

【注释】

①嫌：通“慊”（qiè），满足。 ②詹：满足。 ③窕（tiǎo）：不充满。 ④谿（xī）：山谷，空虚。 ⑤抟（tuán）：专一。 ⑥钧：度量钟音律度大小的器具。石：古代重量单位，一百二十斤为一石。⑦黄钟：标准音。

【译文】

音乐也有适中的问题。声音太高就容易让人意志飘荡，在意志飘荡的状态下听这种巨大的声音，耳朵就很难容纳得下，容纳不下就会充塞阻滞，充塞阻滞，人的意志就会更加飘荡；声音太小，人的心志就会得不到满足，以薄弱不满足的心志去听，那么耳朵就会感觉不充实，不充实就会感到不足，不足就让人的心志更加不满足；声音太清越就会让人心志高扬，用高扬之心去听那高尖的悲音，于是耳朵就空洞到了极点，会让人的心神不安，筋疲力尽。声音太低浊就会让人意志消沉，意志消沉的情况下听这种低浊的音乐，耳朵就拢不住音，拢不住音就会让人心神不一，人的心神不一就会引起动气。因此音乐太高、太低、太清越、太低浊都不合宜。什么才算是合宜的声音？适中，便是音乐的合宜。什么是适中？就是发出的音律度不超过钧所发出的声音的律度，钟的重量不高于一石，这便是音的高低轻重适中的标准。黄钟确定的宫调音是音乐的根本，属于音质清浊的适中之音。适中也就是适宜，用适中的心情去听适中的音乐，就是一种和谐了。音乐不可以听得过度，平正和谐才是最好的。

【原文】

故治世之音安以乐，其政平也；乱世之音怨以怒，其政乖也；亡国之音悲以哀，其政险也。凡音乐，通乎政而移风平俗者也。俗定而音乐化之矣。故有道之世，观其音而知其俗矣，观其俗而知其政矣，观其政而知其主矣。故先王必托于音乐以论其教。清庙之瑟，朱弦而疏越，一唱而三叹，有进乎音者矣。大飨①之礼，上玄尊而俎②生鱼，大羹不和，有进乎味者也。故先王之制礼乐也，非特以欢耳目、极口腹之欲也，将教民平好恶、行理义也。

【注释】

①飨（xiǎng）：供奉鬼神。 ②尊：古代的酒器。俎：祭祀时盛祭品的礼器。

【译文】

因此，太平盛世的音乐是安宁和乐的，代表了政治的安定；乱世的音乐是哀怨、愤怒的，反射出政治的不协调；国家将要灭亡的音乐悲哀凄凉，表示这个国家的政治出现了危机。大多音乐都和政治相通，并发挥着移风易俗的作用，风俗的形成就是音乐潜移默化的结果。因此，治理有方的世道，看它的音乐就能够知晓它的风俗怎么样，看它的政治就能够知道当时的君主怎么样了。因此，先王一定要利用音乐来宣扬它的教化作用。清庙当中的琴瑟，用朱红的琴弦奏出缓慢清越的曲调，一人唱三人和，其意义已经远远超过音乐本身的效果。天子祭祀上天的时候，捧上酒樽，还要在礼器上放新鲜的鱼，不用调和五味，其意义已经远远超过滋味本身了。因此，先王制作礼乐，并不是仅仅用来满足耳、目、口、腹的欲望需求，而是用来教化百姓分辨好坏、实施理义的。

季夏纪·音初

【原文】

夏后氏孔甲①田于东阳萯山。天大风，晦盲，孔甲迷惑，入于民室。主人方乳②，或曰："后来，是良日也，之子是必大吉。"或曰："不胜也③，之子是必有殃。"后乃取其子以归，曰："以为余子，谁敢殃之？"子长成人，幕动坼橑④，斧斫斩其足，遂为守门者。孔甲曰："呜呼！有疾，命矣夫！"乃作为《破斧》之歌，实始为东音。

【注释】

①夏后氏孔甲：夏君，禹的第十四代孙，桀的曾祖。 ②乳：生子。 ③不胜也：意思是享受不了这个福分。不胜，经受不住。④幕：帐幕。坼（chè）：裂，使动用法。橑：屋椽。

【译文】

夏君孔甲在东阳黄山打猎。刮起了大风，天色变得昏暗。孔甲找不到方向，走进了一户老百姓的屋里。恰逢这家人家正在生孩子。有人说："君主到来，这是好日子呀，这个孩子必定大吉大利。"有人说："怕承受不住这个福分啊，这个孩子一定会遭遇灾难。"夏君就将这个孩子带了回去，说："让他当我的儿子，谁敢害他？"孩子长大成人后，有次帐幕掀动，屋椽裂开，斧子掉下来砍断了他的脚，于是只好做了守门之官。孔甲感叹道："哎！出现了这样的灾难，是命里注定的吧！"于是创作出《破斧》之歌。此为最早的东方音乐。

【原文】

禹行功[①]，见涂山之女。禹未之遇而巡省南土。涂山氏之女乃令其妾候禹于涂山之阳。女乃作歌，歌曰“候人兮猗”，实始作为南音。周公及召公取风焉，以为《周南》《召南》。

【注释】

①行功：巡视治水之事。

【译文】

禹巡视治水的事情，途中娶涂山氏之女。禹还没来得及同她举行仪式就去南方巡视了。涂山氏之女就让她的侍女去涂山南面迎候禹，她自己创作了一首歌，歌中唱道：“候望人啊！”此为最早的南方音乐。周公和召公曾在那里采风，后人就将它称为《周南》《召南》。

【原文】

周昭王亲将征荆。辛馀靡长且多力，为王右。还反涉汉，梁败，王及蔡公抎[①]于汉中。辛馀靡振王北济，又反振蔡公。周公乃侯之于西翟，实为长公。殷整甲徙宅西河，犹思故处，实始作为西音。长公继是音以处西山。秦缪公取风焉，实始作为秦音。

【注释】

①抎（yǔn）：坠落。

【译文】

周昭王亲自率领军队征伐荆国。辛馀靡身高力大，做昭王右边的武士。军队返回时，渡过汉水时桥坏了，昭公与蔡公坠落于汉水中。辛馀靡将昭王救到了北岸，然后又返回救出了蔡公。于是周公封他在西方为诸侯，成为一方诸侯之长。当年殷整甲迁徙至西河居住，但由于常思念故土，于是创作了最早的西方音乐。辛馀靡被封侯后，居住在西翟之山，继承了这一音乐。秦穆公曾在那一带采风，开始将它作为秦国的音乐。

【原文】

有娀氏有二佚女，为之九成①之台，饮食必以鼓。帝令燕往视之，鸣若谥隘。二女爱而争搏之，覆以玉筐。少选，发而视之，燕遗二卵，北飞，遂不反。二女作歌，一终曰“燕燕往飞”，实始作为北音。

【注释】

①九成：九层。

【译文】

有娀氏得到两位美貌的女子，为她们建筑了九层高台，饮食时必定会用鼓乐作陪。天帝派燕子去看看她们。燕子去了，发出“谥隘”的鸣叫。那两位女子非常喜欢燕子，抢着扑住燕子，拿玉筐罩住。过了一会儿，揭开筐看燕子时，燕子留下两个蛋，朝着北方飞去，不再回来。那两位女子作了一首歌，歌中唱道：“燕子燕子展翅飞。”这便是最早的北方音乐。

【原文】

凡音者，产乎人心者也。感于心则荡乎音，音成于外而化乎内。是故闻其声而知其风，察其风而知其志，观其志而知其德。盛衰、贤不肖、君子小人皆形于乐，不可隐匿。故曰：乐之为观也，深矣。

【译文】

大凡音乐，均产自人的内心中。心中有了感触，就会从音乐中表现出来，音乐表现于外而化育于内。所以，聆听某个地区的音乐，就能够了解那里的风俗，考察那里的风俗就能够了解那里的志趣，观察那里的志趣就能够知晓那儿人们的德行。兴盛和衰亡、贤明与昏庸、君子和小人都能够在音乐中表现出来，难以遁形。因此说，音乐作为一种观察的对象，它所能表现出来的是非常深刻的了。

【原文】

土弊[①]则草木不长，水烦则鱼鳖不大，世浊则礼烦而乐淫。郑卫之声、桑间之音，此乱国之所好，衰德之所说。流辟、誂越、慆滥之音出，则滔荡之气、邪慢之心感矣；感则百奸众辟从此产矣。故君子反道以修德，正德以出乐，和乐以成顺。乐和而民乡方矣。

【注释】

①弊：恶劣。

【译文】

土质恶劣草木就无法生长，水流浑浊鱼鳖就无法长大；社会黑暗，礼仪就会败乱，音乐就会淫邪。郑卫之声、桑间之音，此为淫乱的国家所盛行的，是道德败落的君主所喜好的。一旦淫邪、轻佻、放纵的音乐创造出来，放荡的风气、低俗的思想感情就会逐渐熏染人们。人们受到这样的熏陶，层出不穷的邪恶就由此滋生了。因此，君子要以道为根本，进行品德的修养，先端正品德然后再创作音乐，让音乐和谐以便做事成功顺遂。音乐和谐了，人民就崇尚道义了。

孟秋纪·荡兵

【原文】

古圣王有义兵而无有偃[①]兵。兵之所自来者上矣，与始有民俱。凡兵也者，威也；威也者，力也。民之有威力，性也。性者，所受于天也，非人之所能为也。武者不能革，而工者不能移。

【注释】

①偃：止息。

【译文】

古代的圣王主张正义的战争，从来没有废止战争的。战争的由来非常久远了，它是与人类一起产生的。但凡战争，靠的是威势，而威势则是力量的体现。拥有威势以及力量属于人的天性。人的天性是自天那儿秉承而来的，并非人力所能造成的。勇武的人无法让它改变，机巧的人也无法让它移易。

【原文】

兵所自来者久矣。黄、炎故用水火①矣，共工氏固次作难②矣，五帝固相与争矣。递兴废，胜者用事。人曰“蚩尤作兵”，蚩尤非作兵也，利其械矣。未有蚩尤之时，民固剥林木以战矣，胜者为长。长则犹不足治之，故立君。君又不足以治之，故立天子。天子之立也出于君，君之立也出于长，长之立也出于争。争斗之所自来者久矣，不可禁，不可止。故古之贤王有义兵而无有偃兵。

【注释】

①黄、炎：指黄帝、炎帝。炎帝是传说中的古帝，姜姓，因以火德称王，故称炎帝，号神农氏。故：已经。用水火：传说炎帝与黄帝争战，炎帝燃起大火，黄帝用水灭之。 ②共工氏：传说中古代部族首领，与颛顼争为帝，失败被杀。固：已经。次：通“恣”，恣意。作难：发难。

【译文】

战争的由来非常久远了。黄帝、炎帝已经用水火战争了，共工氏已经恣意发难了，五帝之间已经相互争斗了。他们一个接一个地兴起，然后灭亡，得胜者治理天下。人们说“蚩尤开始制造兵器”，事实上，兵器并不是蚩尤创造的，他只不过是将兵器改造得更为锋利而已。在蚩尤的前面，人类早已砍削林木作为武器进行战争了。胜利者成为首领，仅仅有首领还不足以治理好百姓，因此设立了君主。有了君主依然不能够治理好百姓，于是设立了天子。天子是在君主的基础上出现的，君主是在有了首领的前提下出现的，而首领是在有争斗的前提下出现的。争斗的由来非常久远了，不能禁止，不能平息。因此，古代贤明的君主只有进行正义战争的，从来没有废止战争的。

【原文】

家无怒笞，则竖子、婴儿之有过也立见[1]；国无刑罚，则百姓之相侵也立见；天下无诛伐，则诸侯之相暴也立见。故怒笞不可偃于家，刑罚不可偃于国，诛伐不可偃于天下，有巧有拙而已矣。故古之圣王有义兵而无有偃兵。

【注释】

①竖子：童仆。婴儿：儿童。见：出现，滋生。

【译文】

家里如果没有训斥与责打，那么童仆、小儿犯过错的情况就会立刻滋生；国中如果没有刑罚，百姓相互侵夺的情况就会立刻滋生；天下如果没有征战，诸侯相互侵犯的情况很快就会出现。因此，家中责打不能够废除，国中刑罚不能够废除，天下征伐不能够废除，只不过在使用方面，有的高明、有的笨拙而已。因此，古代贤明的君主只有进行正义战争的，从来没有废止战争的。

【原文】

夫有以饐死者，欲禁天下之食，悖[1]；有以乘舟死者，欲禁天下之船，悖；有以用兵丧其国者，欲偃天下之兵，悖。夫兵不可偃也，譬之若水火然，善用之则为福，不能用之则为祸；若用药者然，得良药则活人，得恶药则杀人。义兵之为天下良药也亦大矣。

【注释】

①悖：荒谬。

【译文】

如果因为出现了吃饭噎死的事，就要废止天下的所有食物，这是荒唐的；如果由于出现了乘船淹死的事，就要废止天下的所有船只，这是荒唐的；如果由于发生了因为战争而亡国的事，就要废止天下的所有战争，这也是荒唐的。战争是不能够废止的。战争就如同水和火一般，善于利用它，就能够造福于人，不善于利用它，就会带来灾祸；战争还像给人用药治病一样，用良药就可以将人救活，但是用毒药就会将人杀死。正义的战争恰好就是治理天下的一剂良药啊！

【原文】

且兵之所自来者远矣，未尝少选不用。贵贱、长少、贤不肖者相与同，有巨有微而已矣。察兵[①]之微：在心而未发，兵也；疾视，兵也；作色，兵也；傲言，兵也；援推，兵也；连反，兵也；侈斗[②]，兵也；三军攻战，兵也。此八者皆兵也，微巨之争也。今世之以偃兵疾说者，终身用兵而不自知，悖，故说虽强，谈虽辨，文学虽博，犹不见听。故古之圣王有义兵而无有偃兵。

【注释】

①兵：战争。这里是一个含义很广的概念，既指争斗之心，又指争斗行为，也指狭义的战争。 ②侈斗（chǐ dòu）：这里是群斗的意思。侈，恣意放纵。

【译文】

况且，战争的由来非常久远了，不曾有一刻不用。人们不管是贵贱、长少、贤恶，在用战争这一点上是一样的，只是在使用方面有大有小而已。考察战争细微的地方：争斗的意向隐藏于心里，还没有表露出来，便已算是战争；怒目相视属于战争；勃然变色属于战争；言辞傲慢属于战争；推拉相搏属于战争；

踢踹相斗属于战争；聚众殴斗属于战争；三军攻战更是战争。上面的这八种情况都属于战争，只不过是在规模方面有大小的差别罢了。眼下世上极力主张废止战争的人，他们终身用兵，却没有意识到自己正言行相悖，所以，他们的游说虽然看起来有力，言谈虽然雄辩，引用的文献典籍虽然广博，却依然无法被人听取采用。因此古代贤明的君主只有进行正义战争的，从来没有废止战争的。

【原文】

兵诚义，以诛暴君而振苦民，民之说也，若孝子之见慈亲也，若饥者之见美食也；民之号呼而走[①]之，若强弩之射于深谿也，若积大水而失其壅堤也。中主[②]犹若不能有其民，而况于暴君乎？

【注释】

①走：奔向。 ②中主：一般的君主。

【译文】

如果战争的确合乎正义，用来诛杀暴君，拯救苦难的百姓，那么百姓对它的喜悦，就如同孝子见到了慈爱的父母，好比饥饿的人看到了甘美的食物；百姓呼喊着奔向它，就像强弩射向深谷，好比蓄积的大水冲垮堤坝。在这样的情形下，一般的君主尚且无法保有他的子民，更何况是暴君呢？

仲秋纪·决胜

【原文】

夫兵有本干[①]：必义，必智，必勇。义则敌孤独，敌孤独则上下虚，民解落；孤独则父兄怨，贤者诽，乱内作。智则知时化，知时化则知虚实盛衰之变，知先后远近纵舍之数[②]。勇则能决断，能决断则能若雷电飘风暴雨，能若崩山破溃、别辨贾坠[3]；若鸷鸟之击也，搏攫则殪，中木则碎。此以智得也。

【注释】

①本干：植物的根和干，比喻事物的主体。 ②纵：发，放。舍：止，息。数：方法，策略。 ③破溃：指水冲破堤坝。别辨：等于说“异变”。坠：指陨星坠落。

【译文】

用兵之道有它的根本：必须符合正义，必须善用智谋，必须勇猛果敢。合乎正义，敌人就会失去援助；敌人失去援助，上下就会缺少斗志，人民就会瓦解离散；失去援助，父兄就会抱怨，贤人就会不满，叛乱就会从内部掀起。善用智谋就可以知晓时势发展的方向，知晓时势发展的方向，就可以知晓虚实盛衰的变化，就能够看破关于先后、远近、行止的策略。勇猛果敢就可以做事果断，做事果断，行动起来就能如同雷电、旋风、暴雨一般，就可以如同山崩、溃决、异变、星坠一般，势不可当；就如同猛禽奋击，击中禽兽，禽兽当场毙命，击中树木，树木应声碎裂。这是依靠勇猛果敢达到的。

【原文】

夫民无常勇，亦无常怯。有气则实，实则勇；无气则虚，虚则怯。怯勇虚实，其由甚微，不可不知。勇则战，怯则北。战而胜者，战其勇者也[1]；战而北者，战其怯者也。怯勇无常，倏忽往来，而莫知其方，惟圣人独见其所由然。故商、周以兴，桀、纣以亡。巧拙之所以相过[2]，以益民气与夺民气，以能斗众与不能斗众。军虽大，卒虽多，无益于胜。军大卒多而不能斗，众不若其寡也。夫众之为福也大，其为祸也亦大。譬之若渔深渊，其得鱼也大，其为害也亦大。善用兵者，诸边之内莫不与斗，虽厮舆白徒，方数百里皆来会战，势使之然也。幸也者，审于战期而有以羁诱之也。

【注释】

①战其勇者也：凭自己的勇气作战。 ②相过：这里指彼此截然不同。

【译文】

人民的勇敢不是永恒不变的，人民也没有永恒不变的怯弱。士气饱满内心就充实，内心充实就会勇敢；士气丧失内心就空虚，内心空虚就会怯弱。怯弱和勇敢、空虚和充实，它们产生的原因非常微妙，不能不知晓。勇敢就可以全力作战，怯弱就会临阵脱逃。打仗得胜的，凭借自己的勇气去作战；打仗失败的，是怀着胆怯的心态去作战。怯弱和勇敢变化不定，变动急速，没有人明白其中的道理，只有圣人知道它之所以这样的缘由。因此，商、周由此兴盛，桀、纣因此而亡。用兵巧妙与笨拙的结局彼此完全不同，是由于有的可以提高士气，有的却会削减士气，有的善于用民作战，有的不善于用民作战。后者军队就算是很庞大，士兵再怎么多，这些对于取胜也不能发挥好的作用。假如无法战斗，人多还不如人少。人多造福大，不过假如带来祸害，那么祸害也就很大，这就好比是深渊中捕鱼一样，虽然可能捕到大鱼，但如果捕鱼者遇害，情况更加严重。善于用兵的人，四海之内没有不参战的，就算是方圆几百里之内的奴仆还有未曾受过训练的百姓都来参战，这是趋势推动他们如此做的。趋势的发展在于审慎地选择战争时机，同时还要有办法辖制引导他们。

【原文】

凡兵，贵其因也。因也者，因敌之险以为己固，因敌之谋以为己事。能审因而加，胜则不可穷矣。胜不可穷之谓神，神则能不可胜也。夫兵，贵不可胜。不可胜在己，可胜在彼[①]。圣人必在己者，不必在彼者，故执不可胜之术以遇不胜之敌，若此，则兵无失矣。凡兵之胜，敌之失也。胜失之兵，必隐必微，必积必抟。隐则胜阐矣，微则胜显矣，积则胜散矣，抟则胜离矣。诸搏攫柢[②]噬之兽，其用齿角爪牙也，必托于卑微隐蔽，此所以成胜。

【注释】

①可胜在彼：能够战胜敌人，在于敌人虚怯谋失。 ②柢（dǐ）：用角顶撞。

【译文】

凡是用兵，贵在善于借力。借力就是指利用敌人的险阻来作为自己坚固的要塞，利用敌人的谋划来达到自己的目的。可以明察所借力的条件然后再行动，那么就能够无往不胜了。胜利不可穷尽叫作“神”，达到“神”的境界就成为不可战胜了。用兵贵在无法被敌战胜。无法被敌战胜的主动权操纵在自己手里，是否能够战胜敌人在于敌人是否胆怯失去谋算。贤明的人一定可以把握自己的主动权，一定不会依赖敌人的过失，所以，掌握着不可被战胜的策略，以此同可以战胜的敌人交锋，用兵就万无一失了。一般带兵获得胜利都有敌人出现过失的原因。战胜犯有过失的军队，一定要隐蔽，一定要潜藏，一定要积蓄力量，一定要集中兵力。做到隐蔽就能战胜公开的敌人，做到潜藏就可以战胜暴露的敌人，做到积蓄就可以战胜力量零散的敌人，集中兵力就可以战胜兵力分散的敌人了。各种依靠齿角爪牙抓取、顶撞、撕咬猎物的野兽，在它们使用齿角爪牙的时候，一定先要隐身缩形，这是它们能够取胜的主要原因。

季秋纪·精通[①]

【原文】

人或谓兔丝无根。兔丝非无根也，其根不属也，伏苓是。慈石[②]召铁，或引之也。树相近而靡[③]，或軵[④]之也。圣人南面而立，以爱利民为心，号令未出，而天下皆延颈举踵矣，则精通乎民也。夫贼害于人，人亦然。

【注释】

①精通：本篇为兵家之言，论说圣人以爱民、利民为心，就能与民精诚相通，未出兵就可使民众归之。②慈石：磁石。③靡：摩擦。④犻：推。

【译文】

有的人说菟丝子无根。菟丝子并非没有根，而是它的根不属于土地，是缠在茯苓上了。磁石吸铁，是因为有一种力量吸引着它。树木彼此之间连生并摩擦，是因为有一种力量在推动着它们。圣人面朝南立位称王，存着爱护黎民，利于百姓的心志，号令尚未发出时，天下的人就全伸长脖子踮着脚尖期待了，这便是圣人和黎民精气相通的原因。反过来说，暴君伤害人民，那么人民一样也会加害于他。

【原文】

今夫攻者，砥厉[①]五兵，侈衣美食，发且有日矣，所被攻者不乐，非或闻之也，神者先告也。身在乎秦，所亲爱在于齐，死而志气不安，精或往来也。

【注释】

①砥厉：磨刀石，动词做名词用。

【译文】

假如某个国家准备进攻别国，用磨刀石磨利五样兵器，犒赏军队，吃着美味食品，距离出征没多久了，受到进攻的一方一定不会快乐，并非是因为有人先告诉了他们将被讨伐，而是他们的精神预先感知到了。一个人身在秦地，但是他所亲近至爱的人在齐国，身处秦国的这个人就会心神不宁，这便是精神相互通连的原因。

【原文】

德也者，万民之宰也。月也者，群阴[①]之本也。月望则蚌蛤实，群阴盈；月晦则蚌蛤虚，群阴亏。夫月形乎天，而群阴化乎渊；圣人行德乎己，而四荒咸饬[②]乎仁。

【注释】

①群阴：蚌蛤的肉。 ②饬（chì）：整顿，整治。这里是修身的意思。

【译文】

君王的品德，是百姓命运的主宰。月亮，是各种属阴之物的根本。月亮圆的时候，蚌蛤的肉就充实，各种属阴之物也都盈满；月亮晦暗的时候，蚌蛤就会空瘪，各种属阴之物也都亏缺。因此，月亮在天空中改变形状，各种属阴之物就在深水中跟着变化生长；圣人自身的修养品德显露出来，那么四面八方的人都会跟着修炼自己，归向仁义。

【原文】

养由基射兕[①]，中石，矢乃饮[②]羽，诚乎兕也。伯乐学相马，所见无非马者，诚乎马也。宋之庖丁好解牛，所见无非死牛者，三年而不见生牛，用刀十九年，刃若新鄜研[③]，顺其理，诚乎牛也。

【注释】

①兕（sì）：犀牛。 ②饮：通“隐”，隐没。 ③鄜研：细磨。

【译文】

养由基射犀牛，射中了石头，箭头却隐没于石头深处，这是由于他心中一心想着的是犀牛而将石头当成了犀牛的缘故。伯乐学习看马，眼中所看到的，除了马之外再没有别的，这是由于他的心中只有马的缘故。宋人庖丁喜欢宰牛，眼里所看见的全都是死牛，三年没有见过活生生的牛了，他的刀用了十九年，刀刃却还是像新磨过的一样锋利，那是因为他顺着牛的纹理宰割而没有损伤到刀的锋利，心中对牛十分有把握。

【原文】

钟子期夜闻击磬者而悲，使人召而问之曰："子何击磬之悲也？"答曰："臣之父不幸而杀人，不得生；臣之母得生，而为公家为酒；臣之身得生，而为公家击磬。臣不睹臣之母三年矣。昔[①]为舍氏睹臣之母，量所以赎之则无有，而身固公家之财也，是故悲也。"钟子期叹嗟曰："悲夫！悲夫！心非臂也，臂非椎、非石也。悲存乎心而木石应之。"故君子诚乎此而谕乎彼，感乎己而发乎人，岂必强说乎哉？

【注释】

①昔：昨天夜晚。

【译文】

钟子期在夜里听到敲击磬的声音非常悲伤，派人召见敲磬的人，问他："你怎么会将磬敲得这样悲伤呢？"那人回答说："我的父亲不幸杀了人，自己也无法活了；我的母亲活了下来，在公卿家酿酒；我自己也活了下来，在公卿家敲磬。我已经三年未曾见到我的母亲了。昨天晚上我在街市见到过我的母亲，考虑到给母亲赎身，可是我身无分文，就连自己都已是公卿家的财物。这就是我悲伤的原因。"钟子期叹息着说："真让人悲伤啊，真让人悲伤啊！心并非手臂，手臂不是槌也不是石头。悲伤存放于心中就能够让木石都和应着，因此君子心中有这样的感觉就会在别的地方表现出来，自己感动就能够感动别人，哪里还需要用力和语言表达出来呢？"

【原文】

周有申喜者，亡[①]其母，闻乞人歌于门下而悲之，动于颜色，谓门者内乞人之歌者，自觉而问焉，曰："何故而乞？"

与之语，盖其母也。故父母之于子也，子之于父母也，一体而两分，同气而异息。若草莽之有华实也，若树木之有根心也。虽异处而相通，隐志相及，痛疾相救，忧思相感，生则相欢，死则相哀，此之谓骨肉之亲。神出于忠而应乎心，两精相得，岂待言哉？

【注释】

①亡：失去，丢失。

【译文】

周朝有个名叫申喜的人，与他的母亲失散了，听到有个乞丐在门下唱歌而觉得十分悲痛，脸上为之动容，于是让守门人接纳唱歌的乞丐进来，非常亲切地问她："为何要乞讨？"与她交谈之后才明白，原来乞丐正是他的母亲。因此，父母对子女，子女对父母，所有人都是一分为二的身体，有着一样的精气但不同地呼吸着。就好比草丛中有鲜花果实，就好比树木之间有根须，虽然各自在不同的地方，但是精气是相通的，心事是相连的，痛疾相互能感应得到，愁思也能够互相感染，活着就互相欢喜，死后会互相悲伤，这便是骨肉之情。这样的天性出于至诚，而彼此在心中互相应和，两种精神相通，难道还需要依靠言语吗？

季秋纪·顺民

【原文】

先王先顺民心，故功名成。夫以德得民心以立大功 名者，上世多有之矣。失民心而立功名者，未之曾有也。得民必[1]有道。万乘之国，百户之邑，民无有不说。取民之所说而民取矣，民之所说岂众哉？此取民之要也。

【注释】

①必："心"的误写。

【译文】

先王治理天下首先是顺应民心，因此才能够功成名就。依靠仁德获得民心而建立大业、成就美名的，自古以来就大有人在。丢失民心却能建立功名的却不曾出现过。获得民心是有方法的，不管是具有万辆兵车的大国，还是仅有百户的小邑，人民都有自己喜欢的事情。只要做人民所喜欢的事情，就能够顺利获得民心了。人民所喜欢的事难道会很多吗？这是获得民心的关键。

【原文】

昔者汤克夏而正①天下。天大旱，五年不收，汤乃以身祷于桑林，曰："余一人有罪，无及万夫。万夫有罪，在余一人。无以一人之不敏，使上帝鬼神伤民之命。"于是剪其发，故鄽其手，以身为牺牲，用祈福于上帝。民乃甚说，雨乃大至。则汤达乎鬼神之化、人事之传也。

【注释】

①正：治理。

【译文】

以前，汤灭掉夏，掌管天下。天大旱，五年没有收成。于是汤在桑林用自己的身体朝着神祈祷，说："我自己有罪，不要祸及天下百姓，就算是天下百姓都有罪，也请只降罪于我一个人身上。不要由于我一人的错误而导致天帝鬼神伤害百姓的生命。"于是汤剪断自己的头发，搒起自己的手指，将自己的身体作为牺牲，向天帝求福。百姓于是十分高兴，雨也下了起来。可以说，汤通晓鬼神的变化、人事转移的道理了。

【原文】

文王处岐事纣，冤侮雅逊，朝夕必时，上贡必适，祭祀必敬。纣喜，命文王称西伯，赐之千里之地。文王载拜稽首而辞曰："愿为民请炮烙之刑。"文王非恶千里之地，以为民请炮烙之刑，必欲得民心也。得民心则贤[①]于千里之地，故曰文王智矣。

【注释】

①贤：胜过。

【译文】

文王在岐山以臣子之礼对待纣王，虽然遭受了冤枉侮慢，但是仍然雅正恭顺，早晚朝拜不失其时，进献贡物必定十分合宜，祭祀的时候也非常诚敬。纣非常满意，封文王为西伯，赏他纵横千里的土地。文王再拜稽首，辞谢说："我不要千里的封地，只想要替人民请求废除炮烙之刑。"文王并非不喜欢纵横千里的土地，拿着它来替人民请求废除炮烙之刑，一定是想以此博得民心。得到民心，它的好处远远超过纵横千里的土地。因此可以说，文王是非常明智的了。

【原文】

越王苦会稽之耻，欲深得民心，以致必死于吴。身不安枕席，口不甘厚味，目不视靡曼[①]，耳不听钟鼓。三年苦身劳力，焦唇干肺，内亲群臣，下养百姓，以来其心。有甘脆不足分，弗敢食；有酒流之江，与民同之。身亲耕而食，妻亲织而衣。味禁珍，衣禁袭，色禁二。时出行路，从车载食，以视孤寡老弱之渍病、困穷、颜色愁悴、不赡者，必身自食之。于是属诸大夫而告之曰："愿一与吴徼天下之衷。今吴、越之国相与俱残，士大夫履肝肺，同日而死，孤与吴王接颈交臂而偾，此孤之大愿也。若此而不可得也，内量吾国不足以伤吴，外事之诸侯不能害之，则孤将弃国家，释群臣，服剑臂刃，变容貌，易姓名，执箕帚而臣事之，以与吴王争一旦之死。孤虽知要领不属，首足异处，四枝布裂，为天下戮，孤之志必将出焉！"于是异日果与吴战于五湖，吴师大败，遂大围王宫，城门不守，禽夫差，戮吴相，残吴二年而霸。此先顺民心也。

【注释】

①靡曼：指美色。

【译文】

越王因为会稽之耻而深深感到痛苦，想要深得民心以求与吴国拼死一战。于是他身不安于枕席，口不尝食美味，眼不看美色，耳不听音乐。三年当中，他苦心劳力，唇干肺伤，对内爱抚群臣，对下休养百姓，以便能够让他们一心归顺自己。有甜美的食物，如果是不够分，他不敢独自吃食；有了美酒就将它倒入江中，同百姓共饮。凭着自己亲自耕种来吃饭，凭着妻子亲手纺织来穿衣。饮食不要求珍奇，衣服不穿两层，不喜欢用二色作为装饰。他还经常出外巡视，随从车辆拉着食物，去探望孤寡老弱中生病的、困厄的、面色忧愁憔悴的、饮食不足的人们，每次都要亲自给他们食物吃。最后，他召集诸大夫，对他们宣告说：“我想要和吴国决一胜负。让吴、越两国彼此一起毁灭，士大夫踏肝践肺同日战死，我跟吴王颈臂相交肉搏而亡，这是我最大的愿望。假如这些不能够实现，从国内考虑估量我们的国力很难损伤吴国，从国外考虑结盟的诸侯也无法将它毁灭，那么，我将要抛弃国家，离开群臣，身带佩剑，手执利刃，更改容貌，更换姓名，充当仆役，执箕帚侍奉吴王，以求能够与吴王决死于一旦之间。就算是知道这样做会招致腰断颈绝，头脚异处，四肢分裂，被天下人所不齿，我的志向也是必定要付诸实施的。”之后，越国终于和吴国在五湖进行决战，吴国军队溃退，没过多久越国军队包围了吴王的王宫，攻下了城门，活捉了夫差，杀死了吴相。灭掉吴国之后两年，越国称霸诸侯。这全都是因为先得到民心的结果啊。

【原文】

齐庄子请攻越，问于和子。和子曰：“先君有遗令曰：‘无攻越。越，猛虎也。’”庄子曰：“虽猛虎也，而今已死矣。”和子曰以告鸮子。鸮子曰：“已死矣，以为生。”故凡举事，必先审民心，然后可举。

【译文】

齐庄子想要去攻打越国，询问和子的意见。和子说：“先君有遗命说：‘不可攻打越国。越国是只猛虎。”齐庄子说：“就算是只猛虎，如今也已经死了。”和子将这话告诉了鸮子，鸮子说：“虽然说已经死了，可是人们还觉得它活着。”因此，做任何事前，一定要先考察民心，然后才可以行动。

孟冬纪·异宝

【原文】

古之人非无宝也，其所宝者异也。

【译文】

古代的人并非没有宝物，只不过他们眼中的宝物与现在人眼中的不同。

【原文】

孙叔敖疾，将死，戒其子曰：“王数封我矣，吾不受也。为我死，王则封汝，必无受利地。楚、越之间有寝之丘者，此其地不利，而名甚恶。荆人畏鬼，而越人信机[①]。可长有者，其唯此也。”孙叔敖死，王果以美地封其子，而子辞，请寝之丘，故至今不失。孙敖叔之知，知不以利为利矣。知以人之所恶为己之所喜，此有道者之所以异乎俗也。

【注释】

①机（jī）：迷信鬼神和灾祥。

【译文】

孙叔敖病了，临死前告诫他的儿子说：“大王很多次要赏赐给我土地，我全都没有接受。我死后，大王一定会赐给你土地，你千万不要接受肥沃富饶的土地。楚国与越国之间有个寝丘，那个地方土地贫瘠，并且地名也非常凶险。楚人害怕鬼，而越人迷信鬼神以及灾祥。因此，可以长久占有的封地，恐怕只有那块土地了。”孙叔敖死后，楚王果然要将肥沃的土地赐给他的儿子，不过孙叔敖的儿子谢绝了，并请求楚王赐给自己寝丘，于是这块土地到现在都没被他人占有。孙叔敖的智慧在于，懂得不将世俗心目中的利益看成利益。懂得将别人所不喜欢的东西看成是自己所喜爱的东西，这便是有道之人与世俗之人不一样的原因。

【原文】

五员亡，荆急求之，登太行而望郑曰：“盖是国也，地险而民多知；其主，俗主也，不足与举。”去郑而之许，见许公而问所之。许公不应，东南向而唾。五员载拜受赐，曰：“知所之矣。”因如吴。过于荆，至江上，欲涉，见一丈人，刺小船，方将渔，从而请焉。丈人度之，绝[①]江。问其名族，则不肯告，解其剑以予丈人，曰：“此千金之剑也，愿献之丈人。”丈人不肯受，曰：“荆国之法，得五员者，爵执圭，禄万檐，金千镒。昔者子胥过，吾犹不取，今我何以子之千金剑为乎？”五员过于吴，使人求之江上，则不能得也。每食必祭之，祝曰：“江上之丈人！天地至大矣，至众矣，将奚不有为也？而无以为。为矣，而无以为之。名不可得而闻，身不可得而见，其惟江上之丈人乎！”

【注释】

①绝：横渡，渡过。

【译文】

伍员逃跑，楚国紧急逮捕他。他登上太行山后，遥望郑国说：“这个国家，地势险要并且人民多有智慧，不过它的国君是

个平凡昏庸的君主，不足以与他谋划大事。”伍员离开郑国，到了许国，拜见许公并询问自己适合去的国家。许公没有回答，朝着东南方吐了一口唾沫。伍员再拜接受赐教说：“我明白该去的国家了。”于是朝着吴国进发。路过楚国时，伍员到了长江岸边，准备渡江。他看到一位老人，划着小船，正准备打鱼，于是走过去请求老人送他过江。老人将他送过对岸去。伍员询问老人的名字，老人却不愿意告知。他解下自己的宝剑递给老人，说：“此为价值千金的宝剑，我愿意将它送给您。”老人不愿意接受，说：“根据楚国的法令，捉到伍员的，授予执圭爵位，享受万石俸禄，赐给黄金千镒。以前伍子胥从这里经过，我都没有捉他去领赏，现在我接受你的价值千金的宝剑做什么呢？”伍员到了吴国后，派人去江边寻找那位老人，却并没有找到。伍员每次吃饭时必定要祭祀那位老人，祷告说：“江上的老人啊！天地之德大到极致了，养育万物多到极致了，天地何所不为？却没有任何的索求。这个世界上，做了有利于别人的事，却完全没有索求，名字无法知道，身影无法找寻得到，达到这样的境界的，恐怕只有江边的老人吧！”

【原文】

宋之野人耕而得玉，献之司城子罕，子罕不受。野人请曰：“此野人之宝也，愿相国为之赐而受之也。”子罕曰：“子以玉为宝，我以不受为宝。”故宋国之长者曰：“子罕非无宝也，所宝者异也。”

【译文】

宋国有个农夫在耕地时获得了一块玉，将它献给司城子罕，子罕并没接受。农夫请求说：“这是我的宝物，但愿相国赏脸将它收下。”子罕说：“你将玉看成是宝物，我则将不接受别人的赠物看成宝物。”所以宋国德高望重的人说：“子罕并非没有宝物，只是他看成宝物的东西和别人的不同啊！”

【原文】

今以百金与抟黍以示儿子，儿子必取抟黍矣；以和氏之璧与百金以示鄙人，鄙人必取百金矣；以和氏之璧、道德之至言以示贤者，贤者必取至言矣。其知弥精，其所取弥精；其知弥粗，其所取弥粗。

【译文】

如果现在将百金与黄米饭团摆在小孩面前，小孩必定会去抓黄米饭团；将和氏之璧与百金摆在鄙陋无知的人面前，鄙陋无知的人一定会毫不犹豫地选择百金；将和氏之璧与关于道德的至理名言放在贤人面前，贤人一定会选择至理名言了。人们的智慧越精深，所选择的东西就越珍贵，人们的智慧越低下，所选择的东西就越粗陋。

仲冬纪·长见

【原文】

智所以相过[1]，以其长见与短见也。今之于古也，犹古之于后世也；今之于后世，亦犹今之于古也。故审知今则可知古，知古则可知后，古今前后一也。故圣人上知千岁，下知千岁也。

【注释】

①过：超过。

【译文】

人们的智慧之所以彼此之间有差别，是因为有的人具有远见，有的人目光短浅。今天与古代的关系，就如同古代与将来的关系一样；今天与将来的关系，也就如同今天与古代的关系一样。因此，清楚地了解今天，就能够知晓古代，知晓古代就能够知晓将来。古今前后是一脉相承的，因此圣人可以上知千年，下知千年。

【原文】

荆文王曰："苋谆数犯我以义，违我以礼，与处则不安，旷之而不穀得焉。不以吾身爵之，后世有圣人，将以非不穀。"于是爵之五大夫。"申侯伯善持养吾意，吾所欲则先我为之，与处则安，旷之而不穀丧焉。不以吾身远之，后世有圣人，将以非不穀。"于是送而行之。申侯伯如郑，阿郑君之心，先为其所欲，三年而知郑国之政也，五月而郑人杀之。是后世之圣人，使文王为善于上世也。

【译文】

楚文王说："苋谆屡次据义冒犯我，据礼拂逆我的心意，与他在一起就觉得不安，但时间久了之后，我从中有所得。假如我不亲自授予他爵位，将来如果有圣人，将会以此责难于我。"于是授予他五大夫爵位。文王又说："申侯伯非常擅长把握并迎合我的心意，我想要什么，他就会在我之前准备好什么，与他在一起觉得很安逸，时间一长，我从中有所失。假如我不远离他，后代如果有圣人，就一定会因此责难于我。"于是送走了他。申侯伯去了郑国后，迎合郑君的心意，总是提前准备好郑君想要的所有，仅仅三年就执掌了郑国的国政，不过也只过了五个月，郑人就将他杀了。这便是后代的圣人让文王在前世做了好事。

【原文】

晋平公铸为大钟，使工听之，皆以为调①矣。师旷曰："不调，请更铸之。"平公曰："工皆以为调矣。"师旷曰："后世有知音者，将知钟之不调也，臣窃为君耻之。"至于师涓而果知钟之不调也。是师旷欲善调钟，以为后世之知音者也。

【注释】

①调：和谐。

【译文】

晋平公铸成大钟，让乐工审听钟韵声音，乐工都觉得钟声非常和谐了。师旷说："钟声还不够和谐，请重新铸造它。"平公说："乐工都觉得很和谐了。"师旷说："后代如果有精通音律的人，将会发现钟声是不和谐的。我也会为您感到羞耻。"到了后来，师涓果然指出钟声不和谐。由此看来，师旷想要让钟声更加和谐，是想到了后代有精通音律的人啊！

【原文】

吕太公望封于齐，周公旦封于鲁，二君者甚相善也。相谓曰："何以治国？"太公望曰："尊贤上功。"周公旦曰："亲亲上恩。"太公望曰："鲁自此削矣。"周公旦曰："鲁虽削，有齐者亦必非吕氏也。"其后，齐日以大，至于霸，二十四世而田成子有齐国。鲁公以削，至于觐存，三十四世而亡。

【译文】

太公望封在齐国，周公旦封在鲁国，两位君主非常友好。他们在一起互相讨论说："靠什么去治理国家？"太公望说："尊敬贤人，崇尚功绩。"周公旦说："亲近亲人，崇尚恩爱。"太公望说："如果是这样的话，鲁国从此就要衰弱了。"周公旦说："鲁国虽然会衰弱，不过后世占有齐国的，也一定不会是吕氏了。"后来，齐国越来越强大，称霸诸侯，可是传到二十四代，就被田成子占有了。鲁国也逐渐削弱，以至于仅仅可以勉强维持生存，传到三十四代后也灭亡了。

【原文】

吴起治西河之外，王错谮之于魏武侯，武侯使人召之。吴起至于岸门，止车而望西河，泣数行而下。其仆谓吴起曰："窃观公之意，视释天下若释蹝，今去西河而泣，何也？"吴起抿[①]泣而应之曰："子不识。君知我而使我毕能，西河可以王。今君听谗人之议而不知我，西河之为秦取不久矣，魏从此削矣。”吴起果去魏入楚。有间，西河毕入秦，秦日益大。此吴起之所先见而泣也。

【注释】

①抿：擦。

【译文】

吴起治理西河，王错在魏武侯面前污蔑他，武侯派人将吴起召回。吴起走到岸门，停下车，回头遥望西河。眼泪一行行涌了出来。他的车夫对他说：“我私下观察您的心志，将舍弃天下看得就如同扔掉鞋子一样。现在离开西河，您却流了泪，这是为什么呢？”吴起擦去眼泪回答道：“你不知道，如果君主信任并了解我，让我极尽自己的能力，那么我凭着西河就能够辅助君主成就王业。现在，君主听信了小人的谗言，却不相信我，西河被秦国攻取的日子就在不久之后了，魏国从此会越来越衰弱。”吴起最后离开魏国，到了楚国。没过多久，西河整个被秦国吞并了，秦国越来越强大。这正是吴起所预料到并为之流泪的事情。

【原文】

魏公叔座疾，惠王往问之，曰：“公叔之疾，嗟！疾甚矣！将奈社稷何？”公叔对曰：“臣之御庶子[①]鞅，愿王以国听之也。为不能听，勿使出境。”王不应，出而谓左右曰：“岂不悲哉？以公叔之贤，而今谓寡人必以国听鞅，悖也夫！”公叔死，公孙鞅西游秦，秦孝公听之。秦果用[②]强，魏果用弱。非公叔座之悖也，魏王则悖也。夫悖者之患，固以不悖为悖。

【注释】

①御庶子：家臣。 ②用：以，因。

【译文】

魏相公叔座病了，惠王去看望他，说：“公叔的病，唉！太严重了，国家该如何是好呢？”公叔回答说：“我的家臣公孙鞅非常有能力，希望大王您能将国政交给他治理。假如不愿意任用他，也不要让他离开魏国。”惠王并未回答，出来后对左右侍从说：“难道不可悲吗？就公叔如此的贤明，现在居然让我一定要将国政交给公孙鞅治理，简直太荒谬了！”公叔死后，公孙鞅向西游说秦国，秦孝公听从了他的意见。秦国确实因此逐渐强盛起来，魏国果然因此而逐渐衰弱下去。由此看出，并非公叔座荒谬，而是惠王自己荒谬啊！一般行事荒谬的人的弊病，一定是将不荒谬当成了荒谬。

览

有始览·去尤

【原文】

世之听者，多有所尤。多有所尤，则听必悖矣。所以尤者多故，其要必因人所喜，与因人所恶。东面望者不见西墙，南乡视者不睹北方，意有所在也。

【译文】

世上只根据听闻下结论的人，常常会有一定的局限。常常会有一定的局限，那么根据听闻下的结论就一定是谬误的了。受局限的原因非常多，关键点一定在于人的有所喜爱和有所憎恶。面朝着东望的人，看不到西面的墙，朝南看的人，看不到北方。这是由于心意专于一方啊。

【原文】

人有亡鈇[1]者，意其邻之子。视其行步，窃鈇也；颜色，窃鈇也；言语，窃鈇也；动作态度，无为而不窃鈇也。抇其谷而得其鈇，他日复见其邻之子，动作态度，无似窃鈇者。其邻之子非变也，己则变矣。变也者无他，有所尤也。

【注释】

①鈇（fū）：斧子。

【译文】

有一个人丢了斧子，怀疑是他邻居的儿子偷的。看他走路的样子，就像偷斧子的；看他的眼色，也像偷斧子的；听他说话，同样像偷斧子的；看他的举止神志，没有一样不像是偷斧子的。后来这个人挖坑的时候，找到了他的斧子。过了几天，他又见到他邻居的儿子，再看他的举止神态，没有一点样子像是偷了斧子。邻居的儿子并没有改变，只是他自己改变了，之所以如此，是由于原来受到了一定的局限。

【原文】

郲之故法，为甲裳以帛。公息忌谓郲君曰："不若以组。凡甲之所以为固者，以满窍也。今窍满矣，而任力者半耳。且组则不然，窍满则尽任力矣。"郲君以为然，曰："将何所以得组也？"公息忌对曰："上用之，则民为之矣。"郲君曰："善。"下令，令官为甲必以组。公息忌知说之行也，因令其家皆为组。人有伤之者曰："公息忌之所以欲用组者，其家多为组也。"郲君不说，于是复下令，令官为甲无以组。此郲君之有所尤也。为甲以组而便，公息忌虽多为组，何伤也？以组不便，公息忌虽无为组，亦何益也？为组与不为组，不足以累①公息忌之说。用组之心，不可不察也。

【注释】

①累：损害的意思。

【译文】

郲国的旧法，制作甲裳用帛来连缀。公息忌对郲君说："不如用丝绳去连缀。大凡甲之所以牢固，是由于甲连缀的缝隙均塞满了。如今甲连缀的缝隙虽然塞满了，但是仅仅可以承受应该承受的力的一半。不过，用丝绳来连缀就不是如此了。只要连缀的缝隙塞满了，就可以承受全部应该承受的力了。"郲君觉得他说得对，说："将从何处得到丝绳呢？"公息忌回答说："君主要用它，那么人民就会制造它了。"郲君说："好！"于是下命令，要求有关官吏制作甲一定要用丝绳连缀。公息忌得知自己的主张开始实行了，于是告知自己的家里人都制造丝绳。有诋毁他的人说："公息忌之所以想用丝绳，原因在于他家制造了很多丝绳。"

郑君听到后非常不高兴，于是又下达命令，命令有关官吏制甲不要用丝绳连缀。这是郑君有所局限！制甲用丝绳连缀如果有长处，公息忌就算是大量制造丝绳，又有什么坏处呢？如果用丝绳连缀没有优点，公息忌就算是没有制造丝绳，又有什么好处呢？公息忌制造丝绳或者不制造丝绳，都不能够损害到公息忌的主张。使用丝绳的本来意思，不能够不去考察清楚啊。

【原文】

鲁有恶①者，其父出而见商咄，反而告其邻曰："商咄不若吾子矣。"且其子至恶也，商咄至美也。彼以至美不如至恶，尤乎爱也。故知美之恶，知恶之美，然后能知美恶矣。《庄子》曰："以瓦投者翔，以钩投者战，以黄金投者殆。其祥一也，而有所殆者，必外有所重者也。外有所重者泄，盖内掘。"鲁人可谓外有重矣。解在乎齐人之欲得金也，及秦墨者之相妒也，皆有所乎尤也。

【注释】

①恶：丑陋。

【译文】

鲁国有个丑陋的人，他的父亲出门遇到了商咄，回来以后对他的邻居们说："商咄不如我儿子。"但是他儿子是非常丑陋的，商咄是非常漂亮的，他却觉得非常漂亮的反而比不上非常丑陋的，这是被自己的偏爱所局限了。因此，明白了漂亮能够被看成丑陋，丑陋能够被看成漂亮，然后就可以明白什么是漂亮，什么是丑陋了。《庄子》说："用纺锤作赌注的内心坦然，用衣带钩作赌注的心里发慌，用黄金作赌注的感到迷惑。他们的赌技是一样的，但是为什么会感到迷惑，必定是由于对外物有看重的东西。对外物有看重的东西，就会对它亲近，因而内心就会感到不安定。"那个鲁国人应该说是对外物有看重的东西了。这道理体现在齐国人想获得金子，还有秦国的墨者互相嫉妒上，这所有的都是由于有一定的局限啊。

【原文】

老聃则得之矣，若植木而立乎独，必不合于俗，则何可扩矣。

【译文】

老聃就明白这个道理，他如同直立的木头一样自行其是，这样当然会同世俗不合，那么还能有什么能够让他内心感到不安呢？

孝行览·本味

【原文】

求之其本，经旬必得；求之其末，劳而无功。功名之立，由事之本也，得贤之化也。非贤，其孰知乎事化？故曰其本在得贤。

【译文】

做事情从根本做起，经过短暂的时间也一定会有收获；从枝节做起，就会劳而无功。功名的建立，是因为抓住了事物的根本，得到了贤人的教化。不是贤人，谁明白事情的教化呢？因此说，建立功名的根本在于得到贤人。

【原文】

有侁氏女子采桑，得婴儿于空桑之中，献之其君。其君令烰人①养之，察其所以然。曰："其母居伊水之上，孕，梦有神告之曰：'臼出水而东走，毋顾！'明日，视臼出水，告其邻，东走十里而顾，其邑尽为水，身因化为空桑。故命之曰伊尹。"此伊尹生空桑之故也。长而贤。汤闻伊尹，使人请之有侁氏，有侁氏不可。伊尹亦欲归汤，汤于是请取妇为婚。有侁氏喜，以伊尹媵女。故贤主之求有道之士，无不以也；有道之士求贤主，无不行也。相得然后乐。不谋而亲，不约而信，相为殚智竭力，犯危行苦，志欢乐之。此功名所以大成也。固不独，士有孤而自恃，人主有奋而好独者，则名号必废熄，社稷必危殆。故黄帝立四面，尧、舜得伯阳、续耳然后成。

【注释】

①焊（páo）人：厨师。

【译文】

有侁氏的女子采摘桑叶时，在中空的桑树中捡到了一个婴儿，将他献给了自己的君主。君主让厨师哺育这个婴儿，并让他去调查这是怎么回事。厨师向君主报告说：“婴儿的母亲住在伊水边，怀了孕，梦到天神告诉她说：‘臼里如果出水就朝着东跑，不要回头看。’第二天，她看到臼里出了水，就将情况告诉了她的邻居，朝着东跑了十里，回头一看，她的村子已是一片汪洋，她的身体变成了一棵中空的桑树。于是给这个婴儿起名叫伊尹。”这便是伊尹出生于空桑之中的原因。伊尹长大后非常贤德，商汤听说伊尹贤德，就派人向有侁氏请求要伊尹，有侁氏没有答应。伊尹也想要归附汤，汤于是就请求娶有侁氏女为妻，结为婚姻。有侁氏非常高兴，就将伊尹作为女子陪嫁的奴仆给了汤。因此，贤明的君主为求得有道之士，没有什么办法是不能用的。有道之士为求得贤明的君主，没有什么事不能做。开明的君主与有道之士各自实现了自己的心愿，然后彼此都非常快乐。他们事先不用谋划就可以亲密无间，不用约定就可以恪守信用，共同尽心竭力，面对危难和劳苦，心里却以此为快乐。这便是取得极大成就的缘由。贤明的君主、有道之士本来不会孤独，如果有道之士孤独傲慢，如果君主骄傲并且喜欢孤独，那么名声就一定会被毁灭，国家也一定会面临危险。因此黄帝派人去四方寻求贤人立为辅佐，尧、舜得到伯阳、续耳，之后成就了大业。

【原文】

凡贤人之德，有以知之也。伯牙鼓琴，钟子期听之。方鼓琴而志在太山，钟子期曰："善哉乎鼓琴！巍巍乎若太山。"少选之间，而志在流水，钟子期又曰："善哉乎鼓琴！汤汤乎若流水。"钟子期死，伯牙破琴绝弦，终身不复鼓琴，以为世无足复为鼓琴者。非独琴若此也，贤者亦然。虽有贤者，而无礼以接之，贤奚由尽忠？犹御之不善，骥不自千里也。

【译文】

但凡是贤德之人的品德，是有方法去了解的。伯牙弹琴，钟子期听。一开始弹琴时表达出攀登高山的志向，钟子期说："弹琴弹得太好了，就如同高山一般巍峨。"过了一会儿，琴声表达出随流水奔流的志向，钟子期又说："弹琴弹得太好了，就如同流水一样激荡。"钟子期死了以后，伯牙摔坏了琴，折断了弦，终身不再弹琴，他觉得这个世上再没有值得为之弹琴的人。弹琴是这样，寻求贤德的人也是这样。就算是有贤德的人，假如不以礼相待，贤德的人如何去尽忠呢？这与御马者不好，良马也不能跟随他跑千里远是一个道理。

【原文】

汤得伊尹，祓之于庙，爝以爟火，衅以牺豭。明日，设朝而见之。说汤以至味，汤曰："可对而为乎？"对曰："君之国小，不足以具之，为天子然后可具。夫三群之虫，水居者腥，肉玃者臊，草食者膻。臭恶犹美，皆有所以。凡味之本，水最为始。五味三材，九沸九变，火为之纪。时疾时徐，灭腥去臊除膻，必以其胜，无失其理。调和之事，必以甘酸苦辛咸，先后多少，其齐甚微,皆有自起。鼎中之变，精妙微纤，口弗能言，志弗能喻，若射御之微，阴阳之化，四时之数。故久而不弊，熟而不烂，甘而不噥，酸而不酷，咸而不减，辛而不烈，澹而不薄，肥而不腠。肉之美者：猩猩之唇，貛貛之炙，隽燕之翠，述荡之𢿋，旄象之约。流沙之西，丹山之南，有凤之丸，沃民所食。鱼之美者：洞庭之鳟，东海之鲕，醴水之鱼，名曰朱鳖，六足、有珠、百碧。雚水之鱼，名曰鳐，其状若鲤而有翼，常从西海夜飞游于东海。菜之美者，昆仑之蘋，寿木之华。指姑之东，中容之国，有赤木玄木之叶焉。余瞀之南，南极之崖，有菜，其名曰嘉树，其色若碧。阳华之芸，云梦之芹，具区之菁。浸渊之草，名曰土英。和之美者：阳朴之姜，招摇之桂，越骆之菌，鳣鲔之醢，大夏之盐，宰揭之露，其色如玉，长泽之卵。饭之美者：玄山之禾，不周之粟，阳山之穄，南海之秬。水之美者，三危之露，昆仑之井，沮江之丘，名曰摇水，曰山之水，高泉之山，其上有涌泉焉，冀州之原。果之美者：沙棠之实。常山之北，投渊之上，有百果焉，群帝所食。箕山之东，青鸟之所，有甘栌焉。江浦之橘，云梦之柚，汉上石耳。所以致之，马之美者，青龙之匹，遗风之乘。非先为天子，不可得而具。天子不可强为，必先知道。道者止彼在己，己成而天子成，天子成则至味具。故审近所以知远也，成己所以成人也。圣王之道要矣，岂越越①多业哉？”

【注释】

①越越：用力的样子。

【译文】

汤得到伊尹之后，在宗庙当中举行祓除灾邪的仪式，点燃苇把消除不祥，用纯色雄猪的血涂祭器。第二天上朝，汤在朝堂上接见伊尹。伊尹为汤讲述美味，汤说：“能够得到并制作这些美味吗？”伊尹回答说：“您的国家小，还不足以具备这些东西，当了天子才能够具备。三类动物，生活在水中的动物味道腥，吃肉的动物味道臊，吃草的动物味道膻。味道不美的依然能够让它变好，这些都各有它们内在的道理。调和味道的根本，首先在于用水。五种味道，三样材料，多次煮沸，屡次变化，火是关键。火有时候炽热，有时候微弱，一定要用火来消除腥味、臊味、膻味，不过火候一定要适中。调和味道，必须要用甜酸苦辣咸。先放还是后放，放多或者放少，调料的剂量多少，这些都有一定的讲究。鼎中味道的变化，精妙微细，既无法言传，也无法意会，就好比射技御技的精微、阴阳二气的交合、四季的变化一般。因此，时间长，但不损毁；做得熟，但火候不过量；甜，却不过度；酸，却不过分；咸，却不减损原味；辣，却不浓烈；清淡，却不过薄；肥，却不算腻。肉类里的佳肴，有猩猩的嘴唇、獾獾的脚掌、隽燕的尾肉、述荡的小腿、旄牛大象的短尾，还有流沙西边、丹山南边出产的沃国人所食用的凰凰卵。鱼类里的佳肴，有洞庭湖的鳟鱼，东海的鲕鱼，醴水中长着六只脚、可以吐珠子、青翠色的名叫朱鳖的鱼，雚水中形状如同鲤鱼但是有翅膀、时常夜里从西海飞到东海的名叫鳐的鱼。菜类里的佳肴，有昆仑山的茹菜，寿木的花果，指姑东边、中容国里的红树黑树的树叶。余瞀南边，南极边上颜色如同碧玉一般的名为嘉树的菜，阳华池的芸菜，云梦泽的水芹，具区泽的菁菜，浸渊的名为土英的草。调料类里的佳肴，有阳朴的姜，招摇的桂，骆越的笋，外来鲔鱼制成的肉酱，大夏的盐，宰揭的洁白似玉的露，大泽的鸟卵。粮食类里的佳肴，有杰山的禾谷，不周山的小米，阳山的糜子，南海的黑黍。水里的美味，有三危山的露水，昆仑山的泉水，沮江山丘上名为摇木的泉水，白山的水，高泉山上作为冀州之水源头的涌泉。水果里的佳肴，有沙棠树的果实，常山北边、投渊上面先帝们享用的各类果实，箕山东边、青鸟居住之处的甜山楂，长江边的橘子，云梦畔的柚子，汉水旁的石耳。将这些水果运输过来，要用青龙马还有遗风马。不当天子，就不可能具备这些美味。天子不能够勉强去当，必须先明晓仁义之道，仁义之道不在别人那里，而在于自身。自己具备了仁义之道，就可以成为天子。可以成为天子，那么美味就都能够拥有了。因此，审察近的就能够了解远的，自己具备了仁义之道就能够去教化别人。圣人的办法非常简约，哪还用得着费力去做太多的事情呢？”

慎大览·慎大

【原文】

贤主愈大愈惧，愈强愈恐。凡大者，小邻国也；强者，胜其敌也。胜其敌则多怨，小邻国则多患。多患多怨，国虽强大，恶得不惧？恶得不恐？故贤主于安思危，于达思穷，于得思丧。《周书》[①]曰："若临深渊，若履薄冰。"以言慎事也。

【注释】

①周书：古逸书。

【译文】

贤明的君主，领土越广大越觉得恐惧，力量越强盛越觉得担忧。只要是土地广大的，均为侵削邻国的结果；力量强盛的，均为战胜敌国的结果。战胜敌国，就会造成大量怨恨，侵削邻国，就会导致大量憎恶。怨恨你的人多了，憎恶你的人多了，就算是国家非常强大，又怎么不会感到恐惧呢？如何不会害怕呢？因此，贤明的君主在安定的时候就会想到危险，在显赫的时候就会想到困窘，在有所得的时候就会想到有所失。《周书》上说："就如同是面临深渊一样，就如同是脚踩薄冰一样。"这是说做事情要谨小慎微。

【原文】

桀为无道，暴戾顽贪，天下颤恐而患之，言者不同，纷纷分分[①]。其情难得。干辛任威，凌轹[②]诸侯，以及兆民。贤良郁怨，杀彼龙逢，以服群凶。众庶泯泯，皆有远志，莫敢直言，其生若惊。大臣同患，弗周而畔。桀愈自贤，矜过善非，主道重塞，国人大崩。汤乃惕惧，忧天下之不宁，欲令伊尹往视旷夏，恐其不信，汤由亲自射伊尹。伊尹奔夏三年，反报于亳，曰："桀迷惑于末嬉，好彼琬、琰，不恤其众。众志不堪，上下相疾，民心积怨，皆曰：'上天弗恤，夏命其卒。'"汤谓伊尹曰："若告我旷夏尽如诗。"汤与伊尹盟，以示必灭夏。伊尹又复往视旷夏，听于末嬉。末嬉言曰："今昔天子梦西方有日，东方有日，两日相与斗，西方日胜，东方日不胜。"伊尹以告汤。商涸旱，汤犹发师，以信伊尹之盟。故令师从东方出于国西以进。未接刃而桀走。逐之至大沙。身体离散，为天下戮。不可正谏，虽后悔之，将可奈何？汤立为天子，夏民大说，如得慈亲，朝不易位，农不去畴，商不变肆，亲郼如夏。此之谓至公，此之谓至安，此之谓至信。尽行伊尹之盟，不避旱殃，祖伊尹世世享[③]商。

【注释】

①分分：怨恨的意思。 ②凌轹（lì）：欺压。 ③享：指受祭祀。

【译文】

夏桀不行德政，暴虐贪婪，天下人没有不惊恐、忧虑的，人们议论纷纷，怨恨滔天。天子却很难明白人们的真情。干辛恣肆逞威，欺凌诸侯，祸及百姓。贤良的人们心中都十分怨恨，夏桀于是杀死了勇敢进谏的关龙逢，欲借此来制压群臣诤谏。人们动乱起来，都有远去的计划。没有人再敢直言，都无法安生。大臣们心怀相同的忧患，不亲附桀都想离叛。夏桀以为得计，更加自以为是，炫耀自己的错误，夸饰自己的不足。为君之道被重重阻塞，国人分崩离析。面对这样的状况，汤觉得非常惊恐，忧心于天下的不安定，想让伊尹去夏国观察动静，又担心夏国不相信伊尹，于是扬言自己要亲自射杀伊尹。伊尹逃亡到夏国，过了三年，回来禀报说："桀被末嬉迷惑住了，又沉迷于爱妾琬、琰，不怜悯大众，大家都难以忍受了。在上位的还有在下位的互相痛恨，百姓心里充满了怨气，都说：'上天不保佑夏国，夏国的命运就要结束了。'"汤对伊尹说："你对我说的夏国的情况都与诗中唱的一样。"汤和伊尹订立了盟约，用来表明坚决灭掉夏的决心。伊尹又去观察夏国的动静，十分受末嬉的信任。末嬉说道："昨天夜里天子梦到西方有个太阳，东方有个太阳，两个太阳互相争斗，西方的太阳得胜了，东方的太阳却失败了。"伊尹将这话告诉了汤。这时正值商遭遇旱灾，汤没有顾及，还是发兵攻夏，以便信守与伊尹订立的盟约。他命令军队从亳绕到桀的国都之西，紧接着发起进攻。还没有交战，桀就逃跑了。汤追赶他追到大沙。桀身首离散，受到天下人的耻笑。当初没有听从劝谏，就算是后来懊悔了，又能有什么用呢？汤做了天子，夏的百姓十分欢欣，就像是得到了慈父一样。朝廷不更换官位，农民不离开田亩，商贾不改变商肆，百姓亲近殷就像是亲近夏一样。这就是非常公正，这就是非常安定，这就是非常守信用。汤完全根据与伊尹订立的盟约去做，不躲避旱灾，获得了胜利，所以让伊尹世世代代在商享受祭祀。

【原文】

武王胜殷，入殷，未下舆，命封黄帝之后于铸，封帝尧之后于黎，封帝舜之后于陈。下舆，命封夏后之后于杞，立成汤之后于宋，以奉桑林。武王乃恐惧，太息流涕，命周公旦进殷之遗老，而问殷之亡故，又问众之所说、民之所欲。殷之遗老对曰："欲复盘庚之政。"武王于是复盘庚之政，发巨桥之粟，赋鹿台之钱，以示民无私。出拘救罪，分财弃责，以振穷困。

封比干之墓，靖箕子之宫，表商容之间，徒过者趋，车过者下。三日之内，与谋之士，封为诸侯，诸大夫赏以书社，庶士施政去赋。然后济于河，西归报于庙。乃税马于华山，税牛于桃林，马弗复乘，牛弗复服。衅鼓旗甲兵，藏之府库，终身不复用。此武王之德也。故周明堂外户不闭，示天下不藏也。唯不藏也，可以守至藏①。

【注释】

①至藏：最完美的品德。

【译文】

周武王战胜了商，进入殷都，还未下车，就下令将黄帝的后代封到铸，将帝尧的后代封到黎，将帝舜的后代封到陈。下了车，下令将大禹的后代封到杞，立汤的后代为宋的国君，以便承续桑林的祭祀。这个时候，武王依然非常恐惧，长叹一声，流下了眼泪，下令周公旦领来殷商的遗老，询问他们商灭亡的原因，又问百姓喜欢什么，希望什么。商的遗老回答说："百姓希望恢复盘庚的统治。"武王于是恢复了盘庚的统治，散发巨桥的米粟，施舍鹿台的钱财，以此来向人民证明自己并无私心。释放被关押的人，解救犯了罪的人，分发钱财，免除债务，用这些办法来救济贫困。又将比干的坟墓修葺高大，让箕子的住宅显赫彰明，在商容的闾里竖起标志，行人要加快脚步，乘车的人要下车致敬。三天的时间里，参与谋划的贤士都封为诸侯，那些大夫们都赏赐了土地，普通的士人也都减免了赋税。这些做完以后武王才渡过黄河，回到丰镐，到祖庙中去报功。于是将马放到阳华山，把牛放到桃林，不再让马牛驾车服役，又将战鼓、军旗、铠甲、兵器涂上牲血，藏进府库，终身不再使用。这便是武王的仁德。周天子明堂的大门不关闭，对天下人表示没有私藏。只有不曾私藏，才能保持最高尚的品质。

【原文】

武王胜殷，得二虏而问焉，曰："若国有妖乎？"一虏对曰："吾国有妖，昼见星而天雨[①]血，此吾国之妖也。"一虏对曰："此则妖也，虽然，非其大者也。吾国之妖甚大者，子不听父，弟不听兄，君令不行，此妖之大者也。"武王避席再拜之。此非贵虏也，贵其言也。故《易》曰："愬愬履虎尾，终吉。"

【注释】

①雨（yù）：降落。

【译文】

武王战胜殷商后，抓到两个俘虏，问他们说："你们国家存在怪异的事吗？"一个俘虏回答说："我们国家白天出现星星，天上降下血雨，这就是我们国家的怪异事情。"另一个俘虏回答说："这虽说是怪异的事情，但还算不上太过怪异。我们国家更怪异的是儿子不顺从父亲，弟弟不服从兄长，君主的命令无法实行。这才算最大的怪异事情呢！"武王赶紧离开座席，朝着他行再拜之礼。这并非觉得俘虏尊贵，而是觉得他的言论非常可贵。因此《周易》上说："一举一动都战战兢兢，如同踩着老虎尾巴一般，最终必定吉祥。"

【原文】

赵襄子攻翟，胜老人、中人，使使者来谒之，襄子方食抟饭，有忧色。左右曰："一朝而两城下，此人之所以喜也，今君有忧色，何也？"襄子曰："江河之大也，不过三日。飘风[①]暴雨，日中不须臾。今赵氏之德行，无所于积，一朝而两城下，亡其及我乎！"孔子闻之曰："赵氏其昌乎！"

【注释】

①飘风：旋风。

【译文】

赵襄子任命新稚穆子攻打翟国，攻下了左人城、中人城。新稚穆子派使者回来报告战果，襄子正在吃成团的饭，听了之后，脸上现出忧愁的表情。身边的人说：“一下子攻下两座城，这是值得高兴的事，现在您却忧心忡忡，这是何故呢？”襄子说：“长江黄河涨水，用不了三天就会退落，疾风骤雨也不会不停歇。如今我们赵氏的品行，没有丰厚的蓄积，一下子攻下两座城，灭亡恐怕要让我遇上了！”孔子听说这件事以后说：“赵氏估计将要昌盛了吧！”

【原文】

夫忧所以为昌也，而喜所以为亡也。胜非其难者也，持之其难者也。贤主以此持胜，故其福及后世。齐荆吴越，皆尝胜矣，而卒取亡，不达乎持胜也。唯有道之主能持胜。孔子之劲，举国门之关，而不肯以力闻。墨子为守攻，公输般服，而不肯以兵知。善持胜者，以术强弱。

【译文】

忧虑是昌盛的基石，喜悦是灭亡的起点。获取胜利并非困难的事，守得住胜利才是困难的事，贤明的君主根据这样的认识，保持住了胜利，因此他的福分能够传给子孙后代。齐国、楚国、吴国、越国都曾经胜利过，但是最后均遭到了灭亡，这是由于它们不明白怎样保持胜利啊！只有有道的君主，才能常守胜利。孔子力气那么大，可以举起国都城门的门闩，却不愿意以力气大闻名天下。墨子善于攻城守城，让公输般折服，却不愿意以善于用兵被人们所知晓。善于保持胜利的人，可以有办法将弱小变为强大。

慎大览·贵因

【原文】

三代所宝莫如因，因则无敌。禹通三江五湖，决伊阙，沟回陆，注之东海，因水之力也。舜一徙成邑，再徙成都，三徙成国，而尧授之禅位，因人之心也。汤、武以千乘制夏、商，因民之欲也。如秦者立而至，有车也；适越者坐而至，有舟也。秦、越，远涂也，竫[①]立安坐而至者，因其械也。

【注释】

①竫：安静。

【译文】

夏、商、周三代最珍贵的东西莫过于顺应、依凭外物了，顺应、依凭外物就可以所向披靡。禹疏通三江五湖，凿开伊阙山，让水道畅通，使得水流入东海，是因为顺应了水的力量。舜迁移了一次形成了城邑，迁移了两次形成了都城，迁移了三次形成了国家，于是尧将帝位让给了他，是顺应了民心。汤、武王凭着诸侯国的地位制伏夏、商，是顺应了百姓的愿望。到秦国去的人站在车上就可以到达，是由于有车；去越国的人坐在船上就可以到达，是由于有船。到秦国、越国去，路途遥远，静静地站着、坐着就可以到达，是由于凭借车船等交通工具。

【原文】

武王使人候[①]殷，反报岐周曰："殷其乱矣！"武王曰："其乱焉至？"对曰："谗慝胜良。"武王曰："尚未也。"又复往，反报曰："其乱加矣！"武王曰："焉至？"对曰："贤者出走矣。"武王曰："尚未也。"又往，反报曰："其乱甚矣！"武王曰："焉至？"对曰："百姓不敢诽怨矣。"武王曰："嘻！"遽告太公，太公对曰："谗慝胜良，命曰戮；贤者出走，命曰崩；百姓不敢诽怨，命曰刑胜。其乱至矣，不可以驾矣。”故选车三百，虎贲三千，朝要甲子之期，而纣为禽。则武王固知其无与为敌也。因其所用，何敌之有矣？

【注释】

①候：刺探。

【译文】

周武王派人去打探殷商的动静，那人回到岐周禀报说：“殷商估计是要出现混乱了。”武王说：“它的混乱发展到了什么程度？”那人回答道：“邪恶的人战胜了忠良的人。”武王说：“混乱还没有达到最严重的时候。”那人又去刺探，回来禀报说：“它的混乱程度更加严重了。”武王说：“达到了什么程度？”那人回答说：“贤德的人都逃走了。”武王悦：“混乱依然没有达到极点。”那人又去刺探，回来汇报说：“它的混乱非常厉害了！”武王说：“达到了什么程度？”那人回答说：“老百姓都不敢说怨恨不满的话了。”武王说：“啊！”于是赶快将这样的情况告诉太公望。太公望回答说：“邪恶的人战胜了忠良的人，那叫暴乱；贤德的人出逃，那叫崩溃；老百姓不敢说怨恨不满的话，那叫刑法太苛刻。它的混乱已经达到极点了，已经无法复原了。”于是挑选战车三百辆，勇士三千名，朝会诸侯时以甲子日为期兵至牧野，而纣王被擒获了。这样说来，武王本来就明白纣王无法与自己为敌，擅长利用敌方的力量，还有什么敌手呢？

【原文】

武王至鲔水，殷使胶鬲候周师，武王见之。胶鬲曰：“西伯将何之？无欺我也。”武王曰：“不子欺，将之殷也。”胶鬲曰：“朅至？”武王曰：“将以甲子至殷郊，子以是报矣！”胶鬲行。天雨，日夜不休，武王疾行不辍。军师皆谏曰：“卒病①，请休之。”武王曰：“吾已令胶鬲以甲子之期报其主矣，今甲子不至，是令胶鬲不信也。胶鬲不信也，其主必杀之。吾疾行，以救胶鬲之死也。”武王果以甲子至殷郊，殷已先陈矣。至殷，因战，大克之。此武王之义也。人为人之所欲，己为人之所恶，先陈何益？适令武王不耕而获。

【注释】

①病：疲困。

【译文】

武王伐纣到了鲔水，殷商派胶鬲去打探周国军队的状况，武王会见了他。胶鬲说：“您将要到哪里去？不要欺骗我。”武王说：“不欺骗你，我将到殷去。”胶鬲说：“哪一天到达？”武王说：“将会在甲子日到达殷都郊外。你用这话去禀报吧！”胶鬲走了。天下起雨来，日夜不停，武王加快行军速度，没有停止前进。军官们都劝说：“士兵们非常疲惫，请允许他们休息一下。”武王说：“我已经让胶鬲将甲子日到达殷都郊外的消息禀报给他的君主了，如果甲子日还没有到达，腔鬲就会因此失去信用。腔鬲失去了信用，那么他的君主一定会将他杀死。我加快行军速度是为了救胶鬲的命啊。”武王如约在甲子日到达殷都的郊外，殷商已经先准备好阵势了。武王到达之后，便开始交战，结果大败殷商。这便是武王的仁义。武王做的是人们所喜欢的事情，纣王做的却是人们所厌恶的事情，就算提前摆好阵势又有什么用处？正好使得武王不战而获胜。

【原文】

武王入殷，闻殷有长者，武王往见之，而问殷之所以亡。殷长者对曰：“王欲知之，则请以日中为期。”武王与周公旦明日早要期，则弗得也。武王怪之，周公曰：“吾已知之矣。此君子也。取[①]不能其主，有以其恶告王，不忍为也。若夫期而不当，言而不信，此殷之所以亡也。已以此告王矣。”

【注释】

①取：选取。

【译文】

武王进入殷都，听说殷商有德高望重的人，就前去拜会他，问他殷商之所以灭亡的原因。那位德高望重的人回答道：“您如果想要知道，那就请定于明天日中的时候。”武王与周公旦第二天提前去了，却没有见到那个人。武王觉得非常奇怪，周公却说：“我已经知道他的用意了。这是位君子啊。他本来就抱有不亲近自己君主的态度，现在又要将自己君主的缺点告诉您，他不忍心这么做。至于约定了日期却不按时赴约，说了话却没有守信用，这便是殷商之所以会灭亡的原因。他已经用这样的方法将殷商灭亡的原因告诉您了。”

【原文】

夫审天者，察列星而知四时，因也；推历者，视月行而知晦朔，因也；禹之裸国，裸入衣出，因也；墨子见荆王，衣锦吹笙，因也；孔子道弥子瑕见釐夫人，因也；汤、武遭乱世，临苦民，扬其义，成其功，因也。故因则功，专则拙。因者无敌。国虽大，民虽众，何益？

【译文】

观测天象的人，观察众星运行的情况就可以明白四季，是因为有所凭借；推算历法的人，观看月亮运行的情况就能够知晓晦日和朔日，是因为有所凭借。禹到裸体国去，裸体进去，出来再穿上衣服，是为了顺应那儿的习俗；墨子拜见楚王，身着华丽的衣服，吹起笙，是为了迎合楚王的爱好；孔子通过弥子瑕去见釐夫人，是为了借此来实行自己的主张；汤、武王遭遇混乱的世道，面对贫苦的人民，发扬出自己的道义，成就了最终的大业，是因为顺应、依凭外物的原因。因此善于顺应、依凭外物，就可以获得成功；仅仅是依靠个人的力量，就会导致失败。善于顺应、凭借外物的人所向披靡。在这样的人面前，就算国土再广大，人民再多，又有什么好处呢？

慎大览·察今

【原文】

上胡不法先王之法？非不贤也，为其不可得而法。先王之法，经乎上世而来者也，人或益之，人或损之，胡可得而法？虽人弗损益，犹若不可得而法。东夏之命，古今之法，言异而典殊。故古之命多不通乎今之言者，今之法多不合乎古之法者。殊俗之民，有似于此。其所欲同，其所为异。口惽之命不愉，若舟车衣冠滋味声色之不同。人以自是，反以相诽。天下之学者多辩，言利辞倒，不求其实，务以相毁，以胜为故[①]。先王之法，胡可得而法？虽可得，犹若不可法。

【注释】

①故：事。

【译文】

如今的君主为何不去学习古代帝王的法度？这并非古代帝王的法度不好，是由于它不可能被效法。古代帝王的法度是历经前代流传而来的，有的人增补过它，有的人删削过它，如何能够被效法？就算没有被人们增补、删削过，也依然不可能被效法。东夷与华夏对事物的名称，言词不一样；古代与现代的法度，典制不相同。因此古代的名称和现在的叫法大多不一样，现在的法度同古代的法度大多不相合。不同习俗的人民，和这样的情形很像。他们所要实现的愿望一样，但是他们的所作所为不一样。每个地方的语言不可能会改变，就像船、车、衣、帽、美味、音乐、色彩不同一样，但是人们自以为是，反过来又相互指责怪罪。天下有学识的人士大多善辩，言辞锋利，黑白颠倒，不追求符合实际，却致力于互相诋毁，以争辩的胜利来证明自己的能力。古代君主的法度，如何可能被效法呢？就算是能够效法，也还是不可以效法。

【原文】

凡先王之法，有要于时①也。时不与法俱至，法虽今而至，犹若不可法。故择先王之成法，而法其所以为法。先王之所以为法者，何也？先王之所以为法者，人也，而己亦人也，故察己则可以知人，察今则可以知古。古今一也，人与我同耳。有道之士，贵以近知远，以今知古，以所见知所不见。故审堂下之阴，而知日月之行，阴阳之变；见瓶水之冰，而知天下之寒，鱼鳖之藏也；尝一脟肉，而知一镬之味，一鼎之调。

【注释】

①要于时：与时代相合。

【译文】

凡是古代帝王的法度，均是与当时的时势相符合的。时势不会和法度一起流传而来，虽然说法度流传到现在，还是不能够效法，因此要放弃古代帝王的现成法度，而采取他们制定法度的依据。古代帝王在制定法度时的依据是什么呢？古代帝王制定法度的根据是人，而自己也是人。因此，考察自己就能够知晓别人，考察现在就能够知晓古代。古今的道理是相同的，别人和自己是相同的。有道之人，他们的可贵之处在于从近的能够推知出远的，由现在的能够推知古代的，由见到的能够推知见不到的。因此，观察堂屋下面的阴影，就能够知晓日月运行的情况，阴阳变化的情况；看到瓶里的水结了冰，就明白天下已经寒冷，鱼鳖已经潜藏了；尝一块肉，就能够知晓一锅肉的味道，就能够知晓一鼎肉味道调和的情况。

【原文】

荆人欲袭宋，使人先表澭水。澭水暴益，荆人弗知，循表而夜涉，溺死者千有余人，军惊而坏都舍。向其先表之时可导也，今水已变而益多矣，荆人尚犹循表而导之，此其所以败也。今世之主法先王之法也，有似于此。其时已与先王之法亏矣，而曰此先王之法也，而法之，以此为治，岂不悲哉？

【译文】

楚国人想要偷袭宋国，派人先在澭水中设置渡河的标志。澭水突然上涨，楚国人却不知道，夜里依据事先设置的标志渡河，淹死了一千多人，军队慌乱的情形就如同城市里的房屋倒塌一样。他们事先设置标志的时候，是能够顺着标志渡河的，可是后来河水已经发生变化上涨了，楚国人还根据开始的标志渡河，这便是他们失败的原因。如今的君主效法古代帝王的法度，就与这样的情况非常相像。他所处的时代已经和古代帝王的法度不适应了，却还说，这是古代帝王的法度，应该去效法。用这样的办法去治理国家，难道不是可悲的事情吗？

【原文】

故治国无法则乱，守法而弗变则悖，悖乱不可以持国。世易时移，变法宜矣。譬之若良医，病万变，药亦万变。病变而药不变，向之寿民，今为殇子矣。故凡举事必循法以动，变法者因时而化，若此论则无过务矣。夫不敢议法者，众庶也；以死守法者，有司也；因时变法者，贤主也。是故有天下七十一圣，其法皆不同。非务相反也，时势异也。故曰良剑期乎断，不期乎镆铘；良马期乎千里，不期乎骥骜。夫成功名者，此先王之千里也。

【译文】

因此，治理国家没有法度就会出现混乱，死守法度不进行改变就会出现谬误，出现谬误和混乱，是无法保守住国家的。社会变化了，时代发展了，变法是最为需要的。这就如同高明的医生一样，病千变万化，药也应该跟着有所变化。病变了药却没有变，原本能够长寿的人，如今就会成为短命的人了。因此，任何时候一定要根据法度去行动，变法的人要跟着时代而变化，假如明白这个道理，那就不会有错误的事了。那些不敢议论法度的，是普通的百姓；死守法度的，是各种官吏；能够顺应时代变法的，是贤德明智的君主。所以，古代拥有天下的七十一位圣贤君主，他们的法度都不一样。这并非他们彼此之间有意要不一样，而是因为各自的时代和形势不一样。因此说，好剑期求它可以砍断东西，不一定期求它拥有镆铘那样的美名；好马期求它可以行千里远，不一定期求它拥有骥骜那样的美称。成就功名，这正是古代帝王所追求的目标啊。

【原文】

楚人有涉江者，其剑自舟中坠于水，遽[①]契其舟，曰："是吾剑之所从坠。"舟止，从其所契者入水求之。舟已行矣，而剑不行，求剑若此，不亦惑乎？以故法为其国，与此同。时已徙矣，而法不徙，以此为治，岂不难哉？

【注释】

①遽（jù）：速。

【译文】

楚国有个人在渡江的时候，他的剑从船上掉到水中，他赶紧在船边刻上记号，说："这里是我的剑掉下去的地方。"等船停后，就从他刻记号的地方下水去寻剑。船已经移动了，但是剑并没有移动，照这样去寻找剑，不是太糊涂了吗？用旧的法制来治理自己现在的国家，和这个人的做法一样。时代已经发生变化，但是法度并没有随着改变，想用这样的方式治理好国家，难道不

是非常困难吗？

【原文】

有过于江上者，见人方引婴儿而欲投之江中，婴儿啼。人问其故，曰："此其父善游。"其父虽善游，其子岂遽善游哉？以此任物，亦必悖矣。荆国之为政，有似于此。

【译文】

有个人从江边经过，看见一个人正拉着小孩想将他扔到江中，小孩在哭泣。人们问这人为什么要这样，他说："这个小孩的父亲善于游泳。"就算是父亲非常善于游泳，难道儿子就一定善于游泳吗？用这样的方法去处理问题，也一定是非常荒谬的了。楚国处理政事的情况，就和这种情况相似。

先识览·察微

【原文】

使治乱存亡若高山之与深溪，若白垩[1]之与黑漆，则无所用智，虽愚犹可矣。且治乱存亡则不然，如可知，如可不知；如可见，如可不见。故智士贤者相与积心愁虑以求之，犹尚有管叔、蔡叔之事与东夷八国不听之谋。故治乱存亡，其始若秋毫。察其秋毫，则大物不过矣。

【注释】

①白垩（è）：白色的土。

【译文】

假如治与乱、存与亡的区别如同高山与深谷，如同白土与黑漆那般分明，那就没有必要运用智慧了，就算蠢人也能够知道。但是治与乱、存与亡的区别并非如此，仿佛能够知道，又仿佛无法知道；好像能够看到，又好像不能看到。因此有才智的人、贤明的人都在千思百虑、用尽心思去探求治乱存亡的征兆，就算是这样，尚且有管叔、蔡叔叛乱的事件和东夷八国不听王命的阴谋。因此治乱存亡刚刚出现的时候就如同秋毫那般，可以明察秋毫，大事就不会出现过失了。

【原文】

鲁国之法，鲁人为人臣妾于诸侯，有能赎之者，取其金于府①。子贡赎鲁人于诸侯，来而让，不取其金。孔子曰："赐失之矣。自今以往，鲁人不赎人矣。"取其金，则无损于行；不取其金，则不复赎人矣。子路拯溺者，其人拜之以牛，子路受之。孔子曰："鲁人必拯溺者矣。"孔子见之以细，观化远也。

【注释】

①府：收藏钱财的地方。

【译文】

鲁国的法令规定，鲁国人在别的诸侯国给人当奴仆，可以赎出他们的，允许从国库中支取金钱。子贡从别的诸侯国赎出做奴仆的鲁国人，回来却推辞而不支取金钱。孔子说："端木赐做错了。从今以后，鲁国人不会再赎人了。"支取金钱，对品行没有伤害，而不支取金钱，就不会有人再去赎人了。子路解救了一个溺水的人，那个人拿着牛来酬谢他，子路收下了牛。孔子说："鲁国人一定会救溺水的人了。"孔子可以从细小的地方看到结果，这是因为他对事物的发展变化观察得远啊。

【原文】

楚之边邑曰卑梁，其处女与吴之边邑处女桑于境上，戏而伤卑梁之处女。卑梁人操其伤子以让①吴人，吴人应之不恭，怒，杀而去之。吴人往报之，尽屠其家。卑梁公怒，曰："吴人焉敢攻吾邑？"举兵反攻之，老弱尽杀之矣。吴王夷昧闻之，怒，使人举兵侵楚之边邑，克夷而后去之。吴、楚以此大隆。

吴公子光又率师与楚人战于鸡父，大败楚人，获其帅潘子臣、小帷子、陈夏啮。又反伐郢，得荆平王之夫人以归，实为鸡父之战。凡持国，太上知始，其次知终，其次知中。三者不能，国必危，身必穷。《孝经》曰："高而不危，所以长守贵也；满而不溢，所以长守富也。富贵不离其身，然后能保其社稷，而和其民人。"楚不能之也。

【注释】

①让：责备。

【译文】

楚国有个边境小城叫卑梁，那儿的姑娘同吴国边境小城的姑娘一起在边境上采桑叶，嬉戏时，吴国的姑娘伤了卑梁的姑娘。卑梁人带着受伤的姑娘去指责吴国人，吴国人的态度非常不恭敬，卑梁人十分恼怒，就杀死那个吴国人然后走了。吴国人过去报复，将那个卑梁人的全家都杀死了。卑梁的守邑大夫知道后大怒，说："吴国人居然竟敢攻打我的城邑？"于是发兵去攻打吴国人，连老弱一起全部杀死了。吴王夷昧听到这事情之后，也勃然大怒，派人率兵侵犯楚国的边境小城，攻克了楚国的边境，将它夷为平地，然后才离开。吴国、楚国因此开始了大战。吴公子光又率领军队在鸡父与楚国军队交战，将楚军打得大败，俘虏了楚军的主帅潘子臣、小帷子，还有陈国的夏啮。又接着攻打郢，俘获了楚平王的夫人，将她带回吴国。这实际上依然是鸡父之战的延续。只要是想守住国家，最高明的是洞察事情的开端，接着是预见到事情的结局，还有就是随着事情的发展而去了解它。这三点都做不到，那么国家必定会危险，自己一定会陷入困窘中。《孝经》上说："高却不倾危，所以可以长期保住尊贵，满却不外溢，所以可以长期保住富贵。富贵不离身，然后才可以保住国家，让人民和谐。"楚国恰好是无法做到这些的。

【原文】

郑公子归生率师伐宋。宋华元率师应之大棘，羊斟御。明日将战，华元杀羊飨士，羊斟不与[①]焉。明日战，怒谓华元曰："昨日之事，子为制；今日之事，我为制。"遂驱入于郑师。宋师败绩，华元虏。夫弩机差以米则不发。战，大机也。飨士而忘其御也，将以此败而为虏，岂不宜哉！故凡战必悉熟偏备，知彼知己，然后可也。

【注释】

①与：参与，在其中。

【译文】

郑公子归生带领军队进攻宋国。宋国的华元带领军队在大棘迎敌，羊斟给他做驭手。第二天即将作战，华元杀羊犒赏甲士，羊斟却不在宴享的人当中。第二天开战的时候，羊斟愤怒地对华元说："昨天宴享的事由你负责，今天驾车的事该由我负责了。"于是将车一直赶进了郑国的军队当中。宋国军队大败，华元被俘。弩牙相差一个米粒就无法进行发射，战争正如同一个大的弩牙。宴享甲士却遗忘了自己的驭手，将帅因为这个而战败被俘，难道不是应该的吗？因此，只要是作战，就一定要熟悉所有的情况，做好全面的准备，知己知彼，然后才能够作战。

【原文】

鲁季氏与郈氏斗鸡，郈氏介其鸡，季氏为之金距。季氏之鸡不胜，季平子怒，因归郈氏之宫，而益其宅。郈昭伯怒，伤之于昭公，曰："禘于襄公之庙也，舞者二人而已，其余尽舞于季氏。季氏之舞道，无上久矣。弗诛，必危社稷。"公怒，不审，乃使郈昭伯将师徒以攻季氏，遂入其宫。仲孙氏、叔孙氏相与谋曰："无季氏，则吾族也死亡无日矣。"遂起甲[①]以往，陷西北隅以入之，三家为一，郈昭伯不胜而死。昭公惧，遂出奔齐，卒于乾侯。鲁昭听伤而不辩其义，惧以鲁国不胜季氏，而不知仲、叔氏之恐，而与季氏同患也。是不达乎人心也。不达乎人心，位虽尊，何益于安也？以鲁国恐不胜一季氏，况于三季？同恶固相助。权物若此其过也，非独仲、叔氏也，鲁国皆恐。鲁国皆恐，则是与一国为敌也，其得至乾侯而卒犹远。

【注释】

①起甲：发兵。

【译文】

鲁国的季氏同郈氏斗鸡，郈氏为他的鸡披上甲，季氏给自己的鸡套上金属爪。季氏的鸡没有斗胜，季平子非常生气，于是侵占郈氏的房屋，扩大自己的住宅。郈昭伯十分恼怒，就在昭公面前诋毁季氏道："在襄公之庙举行大祭的时候，舞蹈的人只有十六人而已，其他的人都跑去季氏家去跳舞了。季氏家舞蹈的人数超出了规格，他目无君主已经很久很久了。不将他杀了，一定会危害到国家。"昭公大怒，并没有进行详细调查，就派郈昭伯率着军队去攻打季氏，攻入了他的庭院。仲孙氏、叔孙氏彼此商量说："如果季氏没有了，那我们两家距离灭亡也就没有多久了。"于是发兵前往救援，攻破院墙的西北角进入庭院，三家合兵一处，郈昭伯无法取胜而被杀死。昭公害怕了，于是逃亡到齐国，后来死在了乾侯。鲁昭公轻信诋毁季氏的话，并没有分辨是不是合乎道理，他只担心凭着鲁国无法胜过季氏，却不知道仲孙氏、叔孙氏也非常害怕，他们同季孙氏是患难与共的。这是因为不了解人心啊。不了解人心，就算地位再怎么尊贵，对安全又有什么好处呢？凭借鲁国还是会害怕无法胜过一个季氏，更何况是三个季氏呢？他们都厌恶昭公，原本就互相救助。昭公权衡事情错误到这样的地步，不仅仅是仲孙氏、叔孙氏，整个鲁国都会觉得恐惧。整个鲁国都会觉得恐惧，这就是与同整个国家为敌了。昭公同整个国家为敌，在国内就该被杀，现在死在乾侯，还算有幸死得远了呢！

先识览·去宥

【原文】

东方之墨者谢子，将西见秦惠王。惠王问秦之墨者唐姑果。唐姑果恐王之亲谢子贤于己也，对曰：“谢子，东方之辩士也。其为人也甚险，将奋于说[1]，以取少主也。”王因藏怒以待之。谢子至，说王，王弗听。谢子不说，遂辞而行。凡听言以求善也，所言苟善，虽奋于取少主，何损？所言不善，不奋于取少主，何益？不以善为之悫，而徒以取少主为之悖，惠王失所以为听矣。用志若是，见客虽劳，耳目虽弊[2]，犹不得所谓也。此史定所以得行其邪也，此史定所以得饰鬼以人、罪杀不辜，群臣扰乱、国几大危也。人之老也，形益衰而智益盛。今惠王之老也，形与智皆衰邪？

【注释】

①奋于说：竭力游说。 ②弊：疲惫。

【译文】

东方墨家学派的谢子，将去西方拜见秦惠王。惠王向秦国墨家学派的唐姑果打听谢子的情况。唐姑果害怕秦王亲近谢子超过自己，就回答说：“谢子是东方能言善辩的人。他为人非常狡诈，他这次来，肯定要竭力游说，来博取太子的欢心。”于是秦王便心怀愤怒等待谢子的到来。谢子来了，对秦王进行劝说，秦王完全听不进去他的意见。谢子不高兴，于是告辞离去了。通常听人议论是为了听取好的意见，所听到的意见如果好，就算是在竭力取得太子的欢心，又有什么坏处呢？所说的意见如果不好，就算是并没有竭力博取太子的欢心，又有什么好处？不因为他的意见好而觉得他诚实，而只是因为他想取得太子的欢心就觉得他悖逆，惠王丢失了自己听取意见的本来目的了。像这样动用心思，会见宾客就算非常劳苦，耳朵眼睛就算是十分疲惫，也依然无法得到宾客言谈的重点。这就是史定之所以能够干邪僻之事的原因，这就是史定之所以能用人装扮成鬼、加罪杀戮无辜之人，以致群臣骚乱、国家将近危亡的缘由。人到了年老的时候，身体越来越衰弱，但是智慧越来越旺盛。现在惠王已到了老年，难道身体与智慧都衰竭了吗?

【原文】

荆威王学书于沈尹华，昭釐恶之。威王好制[①]，有中谢佐制者，为昭釐谓威王曰："国人皆曰：王乃沈尹华之弟子也。"王不说，因疏沈尹华。中谢，细人也，一言而令威王不闻先王之术，文学之士不得进，令昭釐得行其私。故细人之言，不可不察也。且数怒人主，以为奸人除路，奸路已除，而恶壅却，岂不难哉？夫激矢则远，激水则旱，激主则悖，悖则无君子矣。夫不可激者，其唯先有度。

【注释】

①制：法制。

【译文】

楚威王向沈尹华学习文献典籍，昭釐对此十分忌恨。威王喜欢法制，有个帮助制定法令的中谢官替昭釐对威王说："国人都说：王是沈尹华的弟子。"威王听后非常不开心，于是疏远了沈尹华。中谢官属于地位卑贱的人，他说了一句话就使得威王无法听进去先王治国之道，使那些研习、精通古代文献典籍的人得不到重用，给昭釐机会得以实现自己的阴谋。因此，对地位卑贱的人所说的话不能够不明察啊。他们屡次激怒人主，借此替奸人扫清仕进的路。奸人的仕进之路扫清了，却又憎恶贤人的仕进之路被阻塞，这难道不是非常困难吗？奋力朝后拉箭，箭就能够射得远，阻止水流，水势就会变猛；激怒君主，君主就会悖谬，君主悖谬就没有贤能的人才辅佐了。无法被激怒的，估计只有心中早有准则的君主吧。

【原文】

邻父有与人邻者，有枯梧树，其邻之父言梧树之不善也，邻人遽伐之。邻父因请而以为薪。其人不说曰：“邻者若此其险也，岂可为之邻哉？”此有所宥[①]也。夫请以为薪与弗请，此不可以疑枯梧树之善与不善也。

齐人有欲得金者，清旦，被衣冠，往鬻金者之所，见人操金，攫而夺之。吏搏而束缚之，问曰：“人皆在焉，子攫人之金，何故？”对吏曰：“殊不见人，徒见金耳。”此真大有所宥也。

夫人有所宥者，固以昼为昏，以白为黑，以尧为桀。宥之为败亦大矣。亡国之主，其皆甚有所宥邪？故凡人必别宥然后知，别宥则能全其天矣。

【注释】

①宥（yòu）：局限，闭塞。

【译文】

有个人同别人是邻居，家里有棵干枯的梧桐树，和他为邻的一位老者说这棵梧桐不好，他马上就将树砍伐了。那位老者于是索取那棵梧桐树，想拿去当柴烧。他不高兴地说：“这个邻居竟然如此险诈啊，怎么能够与他做邻居呢？”这是有所蔽塞啊。索取那棵梧桐将它当作柴烧，或是不索取，这些都无法作为怀疑梧桐树好还是不好的根据。

齐国有个一心获得金子的人，早晨，穿上衣服，戴好帽子，去了卖金子的人那里，见到有人拿着金子，他抓住金子就夺了过来。吏役将他抓住捆了起来，问他说：“人都还在这里，你就抓取人家的金子，这是怎么回事？”他回答说：“我压根就没看见人，只看到金子了。”这真是蔽塞到极点了。

有所蔽塞的人，原本就将白天看作黑夜，将白看成黑，将尧看成桀。蔽塞的危害真的是太大了。亡国的君主估计都是蔽塞到极致了吧。因此，只要是人一定要能够区分什么是蔽塞，然后才能明白事物的全貌；可以区分什么是蔽塞，就可以保全自身了。

审应览·精谕

【原文】

圣人相谕不待言，有先言[①]言者也。

海上之人有好蜻[②]者，每居海上，从蜻游，蜻之至者百数而不止，前后左右尽蜻也，终日玩之而不去。其父告之曰：“闻蜻皆从女[③]居[④]，取而来，吾将玩之。”明日之海上，而蜻无至者矣。

【注释】

①先言：比言语先的事物，这里的言为名词。 ②蜻：通“青”，指水边的青鸟。 ③女：通“汝”，你。 ④居：跟随，在一起。

【译文】

圣人之间相互晓谕不需要用言语，有先于言语表达思想的东西。

海上有个喜欢青鸟的人，每当他来到海边，总和青鸟一起嬉戏。飞来的青鸟数以百计都不止，前后左右全是青鸟，他一整天都和它们玩耍，它们也不离开。他父亲对他说：“听说青鸟都跟你在一起，你把它们捉来，我也要玩一玩它们。”这人第二天到了海边，一只青鸟也没有飞来。

【原文】

胜书[①]说[②]周公旦[③]曰：“延小人众，徐言则不闻，疾言则人知之。徐言乎，疾言乎？”周公旦曰：“徐言。”胜书曰：“有事于此，而精言[4]之而不明，勿言之而不成。精言乎，勿言乎？”周公旦曰：“勿言。”故胜书能以不言说，而周公旦能以不言听。此之谓不言之听。不言之谋，不闻之事，殷虽恶周，不能疵矣。口唶[5]不言，以精相告，纣虽多心，弗能知矣。目视于无形，耳听于无声，商闻虽众，弗能窥矣。同恶同好，志皆有欲，虽为天子，弗能离矣。

【注释】

①胜书：人名，周公旦的谋士。 ②说（shuì）：劝说。 ③周公旦：姬姓，名旦，也称叔旦，周文王姬昌第四子，周武王姬发同母弟。因封地在周（今陕西省宝鸡市），故称周公或周公旦。他是西周初期杰出的政治家、军事家、思想家、教育家，被尊为“元圣”和儒学先驱。周公曾先后辅助周武王灭商、周成王治国，历史评价很高。夏曾佑曾这样说：“文王有大德而功未就，武王有大功而治未成，周公集大德大功大治于一身。孔子之前，黄帝之后，于中国有大关系者，周公一人而已。” ④精言：隐微地说。⑤口唶：嘴巴。唶，通“吻”。

【译文】

胜书劝说周公旦道：“廷堂很小而且人又很多，轻声说听不到，大声说别人就会知道，是轻声说呢，还是大声说呢？”周公旦道：“轻声说。”胜书又说：“假如有一件事情，隐微地说不能说明白，不说就办不成，是隐微地说呢，还是不说呢？”周公旦道：“不说。”所以，胜书能用“不言”来劝说周公，而周公也能听懂对方的“不言”的意思。这就叫不用别人说就能听懂。不说出来的计谋，听不到的事情，商虽然厌恶周，也不能挑毛病。嘴巴不讲话，只通过神情告知对方，纣虽然多心，却也不能知道周的计谋。眼睛看到的都是无形的，耳朵听到的都是无声的，商朝探听消息的人虽多，却不能窥见周朝的秘密。听的人与说的人好恶相同，志趣完全一样，即使是天子，也不能把他们隔断。

【原文】

孔子见温伯雪子[①]，不言而出。子贡[②]曰："夫子之欲见温伯雪子好矣，今也见之而不言，其故何也？"孔子曰："若夫人者，目击[③]而道存矣，不可以容声矣。"故未见其人而知其志，见其人而心与志皆见，天符[④]同也。圣人之相知，岂待言哉？

【注释】

①温伯雪子：当时的贤者。复姓温伯，名雪子。据郑樵《通志·以邑系为氏》记载："温伯氏，周邑也，其地在河阳县温西南。"②子贡：端木赐（前520—前456），复姓端木，字子贡，春秋末年卫国（今河南鹤壁市浚县）人。孔子的得意门生，孔门十哲之一，"受业身通"的弟子之一，孔子曾称其为"瑚琏之器"。 ③目击：眼神接触。 ④天符：天道。

【译文】

孔子去见温伯雪子，没有说话就出来了。子贡问道："您希望见到温伯雪子已经很久了，现在见到了却不说话，这是为什么呢？"孔子道："像温伯雪子那样的人，看一眼就知道他是有道之人，就用不着再讲话了。"所以，还没见到那人就能知道他的志向，见到那个人后其内心与志向都能看清楚，这是因为彼此都与天道相合。圣人之间相互了解，哪里需要言语呢？

【原文】

白公[①]问于孔子曰："人可与微言[②]乎？"孔子不应。白公曰："若以石投水，奚若[③]？"孔子曰："没人[④]能取之。"白公曰："若以水投水，奚若？"孔子曰："淄、渑之合者，易牙[⑤]尝而知之。"白公曰："然则人不可与微言乎？"孔子曰："胡为不可？唯知言之谓者为可耳。"白公弗得也。知谓则不以言矣。言者谓之属也。求鱼者濡，争兽者趋，非乐之也。故至言去言，至为无为。浅智者之所争则末矣。此白公之所以死于法室。

【注释】

①白公：白公胜（前526—前479，又一说生于公元前533年），春秋末期楚国大夫，楚太子建之子，楚平王嫡孙。楚太子建携家出逃至郑国。不久，其父为郑人所杀，又由郑国逃奔到吴国。楚惠王二年（前487），楚令尹子西召胜回国，封在白地（今河南息县东），号白公。公元前479年，以献战利品为名，带兵入郢，杀楚国大臣子西、子期，劫走楚惠王，史称“白公之乱”。后被公子高率军镇压，白公胜自缢而死。 ②微言：以暗喻示意，不明言。 ③奚若：怎么样。 ④没（mò）人：潜在水里的人。⑤易牙：春秋时代一位著名的厨师，也有写成狄牙的。他是齐桓公宠幸的近臣，用为雍人。雍，古文作饔，是早餐、晚餐的意思。易牙作为雍人，就是专管料理齐桓公饮食的厨师。他擅长调味，所以很得齐桓公的欢心。

【译文】

白公问孔子道：“可以跟人讲隐秘之言吗？”孔子不回答。白公说：“隐秘之言如同把石头投入水中一样，可以讲吗？”孔子说：“潜在水中的人可以得到。”白公说：“隐秘之言如同把水倒入水中一样，可以讲吗？”孔子说：“淄水、渑水汇合在一起，易牙只要尝一尝就能区分开它们。”白公道：“这样看来，那么是不可以跟人讲隐秘之言了？”孔子说：“为何不可？但是只有懂得所说的话的真实含义的人才可以啊。”白公没有听明白。懂得意思就可以不用言语了，因为言语是表达思想的。捕鱼的人会沾湿衣服，争抢野兽的需要奔跑，并不是他们愿意沾湿衣服或者奔跑。所以，最高境界的言语是丢掉言语，最高境界的作为是无所作为。才智短浅的人所争论的就很渺小了。这正是白公后来死在狱中的原因。

【原文】

齐桓公①合诸侯，卫人后至。公朝而与管仲②谋伐卫，退朝而入，卫姬③望见君，下堂再拜，请卫君之罪。公曰：“吾于卫无故④，子曷⑤为请？”对曰：“妾望君之入也，足高气强，有伐国之志也。见妾而有动色，伐卫也。”明日君朝，揖管仲而进之。管仲曰：“君舍卫乎？”公曰：“仲父安识之？”管仲曰：“君之揖朝也恭，而言也徐，见臣而有惭色，臣是以知之。”君曰：“善。仲父治外，夫人治内，寡人知终不为诸侯笑矣。”桓公之所以匿者不言也，今管子乃以容貌音声，夫人乃以行步气志。桓公虽不言，若暗夜而烛燎也。

【注释】

①齐桓公：春秋五霸之首，姜太公吕尚的第十二代孙，齐僖公禄甫的三儿子。桓公任管仲为相，推行改革，实行军政合一、兵民合一的制度，齐国逐渐强盛。但是，他晚年昏庸，管仲去世后，任用易牙、竖貂等小人，最终在内乱中饿死。 ②管仲：姬姓，管氏，名夷吾，字仲，谥敬，春秋时期法家代表人物。被称为管子、管夷吾、管敬仲，颍上（今安徽省颍上县）人，周穆王的后代，是中国古代著名的哲学家、政治家、军事家。 ③卫姬：齐桓公夫人，娶于卫，故称“卫姬”。 ④故：事，此指战争。 ⑤曷：通“何”，为什么。

【译文】

齐桓公盟会各诸侯国，卫国人来晚了。桓公上朝时便和宰相管仲谋划攻打卫国。退朝后进入内室，卫姬见到桓公，下堂拜了两拜，为卫国的国君请罪。桓公道：“我跟卫国没有事，你为什么要请罪呢？”卫姬答道：“我望见您进来之时，迈着大步，怒气冲冲，有攻打别国的意思，而见到我立即变了脸色，这是要伐卫国啊。”第二天桓公上朝，向管仲作揖并请他进来。管仲问道：“您不打算攻打卫国了？”桓公道：“您是怎么知道的？”管仲道：“您在朝堂很恭敬地作揖，说话也很温和，见到我又面有愧色，于是我就知道了。”桓公道：“好。仲父治理朝廷之情，夫人治理内宫，我知道自己终究不会被诸侯们嘲笑了。”桓公用不说话来掩盖自己的真实意图，然而管仲凭着容貌声音、卫夫人凭着走路气势便觉察真相。桓公虽不说话，但他的意图像黑夜点燃烛火一般清楚明白。

【原文】

晋襄公①使人于②周曰：“弊邑寡君寝疾，卜以守龟③，曰：‘三涂④为祟。’弊邑寡君使下臣愿藉途而祈福焉。”天子许之，朝，礼使者事毕，客出。苌弘⑤谓刘康公⑥曰：“夫祈福于三涂，而受礼于天子，此柔嘉之事也，而客武色，殆有他事，愿公备之也。”刘康公乃儆戎车卒士以待之。晋果使祭事先，因令杨子⑦将卒十二万而随之，涉于棘津，袭聊、阮、梁、蛮氏，灭三国焉。此形名不相当，圣人之所察也，苌弘则审矣。故言不足以断小事，唯知言之谓者可为。

【注释】

①晋襄公：姬姓，名欢，晋文公之子，春秋时期晋国国君。晋襄公在位期间，在肴之战和彭衙之战中两败强秦，在泜水之战中击败强楚，继其父为中原霸主，垂拱而治，将晋国霸权再度推向高峰。 ②于：来。 ③守龟：天子诸侯占卜用的龟甲。据《周礼》，此龟甲由专人（称龟人）掌守，故称。 ④三涂：古山名，在今河南嵩县西南、伊河北岸。这里指代三涂山山神。 ⑤苌弘：亦作苌宏，字叔，又称苌叔。周景王、敬王的大臣刘文公所属大夫。刘氏与晋范氏世为婚姻，在晋卿内讧中，由于帮助了范氏，晋卿

赵鞅为此声讨，苌弘被周人杀死。传说死后三年，其心化为红玉，其血化为碧玉，故有“苌弘化碧”“碧血丹心”之说，以喻忠诚正义。⑥刘康公：名季子，为东周诸侯国刘国开国君主，他是周顷王的儿子，周匡王、周定王的弟弟，周定王八年（前592），又封刘邑与王弟季子，王季子称刘康公。 ⑦杨子：晋国的将帅。

【译文】

晋襄公派人到周朝，说：“我国的君主最近卧病不起，请人用龟甲占卜，认为是三涂山的山神所降的灾祸。我国的君主派我前来，希望借路前去三涂山祈福。”周天子答应了，升朝按礼节接待完使者，之后宾客都出去了。苌弘对刘康公说道：“向三涂山祈福，在天子这里受礼，原本是温和美善之事，然而晋国来使表现出勇武之色，恐怕这里面有诈，希望您加强防备。”于是，刘康公就调兵遣将严阵以待。晋国果然假借祭祀，派杨子率领十二万大军跟随，越过孟津渡口，袭击了聊、阮、梁等蛮人居住的地方，灭掉了这三个小国。这便是名不副实的情况，圣人应当能够明察，苌弘就很敏锐地察觉到了。所以，单凭言辞不足以决断事情，只有懂得言辞所表达的内在含义才能够决断事情。

审应览·离谓

【原文】

言者以谕意也。言意相离，凶也。乱国之俗，甚多流言，而不顾其实，务以相毁，务以相誉，毁誉成党，众口熏天①，贤不肖不分。以此治国，贤主犹惑之也，又况乎不肖者乎？惑者②之患，不自以为惑，故惑惑③之中有晓焉，冥冥④之中有昭焉。亡国之主，不自以为惑，故与桀⑤、纣⑥、幽⑦、厉⑧皆也。然有亡者国，无二道⑨矣。

【注释】

①熏天：侵天，形容气势之势。②惑者：迷惑的人。③惑惑：迷惑的样子。④冥冥：昏暗的样子。⑤桀：姒姓，夏后氏，名癸，一名履癸，史称夏桀。帝发之子，夏朝最后一位君主，是历史上有名的暴君，后被汤放逐于南巢。⑥纣：商朝最后一位君主，又称纣王，因残暴无道，最终导致商朝灭亡。⑦幽：即周幽王，姬姓，名宫涅，周宣王姬静之子。周幽王贪婪腐败，不问政事，于公元前771年被犬戎杀死，西周灭亡。⑧厉：即周厉王，姬姓，名胡，周夷王姬燮之子，西周第十位君主，在位期间暴虐成性，奢靡专横，结果遭到百姓反叛。⑨二道：第二条道，指其他途径。

【译文】

言语是为了表达思想的。如果言语与意图相违背，那么就凶险了。祸乱国家的习俗，是流言太多，却不顾事实如何，大家有的互相诋毁，有的互相吹捧，分别结成朋党，众口喧嚣，其势冲天，贤人与恶人都不能分辨清楚。以此来治国，贤明的君主尚且感到疑惑，更何况是昏庸的君主呢？糊涂人真正的祸患，是自己并不感到迷惑。所以，迷惑之中有真理，昏暗之中有光明。亡国之君，自己不感到疑惑，所以就和夏桀、商纣、周幽王、周厉王之流一样。结果只能是国家灭亡，没有其他途径了。

【原文】

郑国多相县[①]以书[②]者，子产[③]令无县书，邓析[④]致之。子产令无致书，邓析倚[⑤]之。令无穷，则邓析应之亦无穷矣。是可不可无辩也。可不可无辩，而以赏罚，其罚愈疾，其乱愈疾。此为国之禁也。故辨而不当理则伪，知而不当理则诈。诈伪之民，先王之所诛也。理也者，是非之宗也。

【注释】

①相县：悬挂出来。县，通“悬”。②书：法令。③子产：

姓公孙，名侨，字子产，号成子，中国春秋时期政治家，思想家。郑国贵族出身，郑简公十二年（前544）为卿，二十三年执政，相郑简公、郑定公二十余年，卒于郑定公八年。 ④邓析：河南新郑人，郑国大夫，春秋末期思想家，“名辨之学”倡始人，与子产同时代，名家学派的先驱人物。他是代表新兴地主阶级利益的革新派，第一个提出反对“礼治”思想。他的主要思想倾向是“不法先王，不是礼义”。 ⑤倚：歪曲。

【译文】

在郑国有许多人把法令悬挂起来，子产下令不要悬挂法令，邓析就对法令加以修饰。子产下令不要修饰法令，邓析就把法令弄得很偏颇。子产下达的命令无穷无尽，邓析应对的办法也无穷无尽。于是，好与坏也就无法辨别了。好坏不分，却用以施加赏罚，那么赏罚得越厉害，混乱也就越厉害。这是治理国家的大禁。所以，善辩却不符合事理就是奸巧，聪明却不符合事理就是狡诈。狡诈奸巧之人，正是先王所要惩办的。事理，是判断是非的根本啊。

【原文】

洧水①甚大，郑之富人有溺者，人得其死者。富人请赎之，其人求金甚多。以告邓析，邓析曰：“安之。人必莫之卖矣。”得死者患之，以告邓析，邓析又答之曰：“安之。此必无所更买矣。”夫伤忠臣者有似于此也。夫无功不得民，则以其无功不得民伤之；有功得民，则又以其有功得民伤之。人主之无度者，无以知此，岂不悲哉？比干、苌弘以此死，箕子②、商容③以此穷，周公、召公以此疑，范蠡、子胥以此流，死生存亡安危，从此生矣。

【注释】

①洧（wěi）水：水名，即今双洎河，在河南境内。 ②箕子：名胥余，是文丁的儿子、帝乙的弟弟、纣王的叔父，官太师，封

于箕（今山西太谷一带），在商周政权交替与历史大动荡的时代中，因其道之不得行，其志之不得遂，“违衰殷之运，走之朝鲜”，建立东方君子国，其流风遗韵，至今犹存。 ③商容：是商朝纣王时代的乐官，因为忠直被纣王贬黜。

【译文】

洧水非常大，有个郑国的富人被淹死了，有人把尸体捞了上来。死者的家人请求赎买尸体，但是那个捞尸人要的钱很多。于是，死者的家人就向邓析求告，邓析说：“安心好了，那个人一定没有其他地方卖尸体了。”捞尸人对此很担忧，也向邓析求告，邓析又回答道：“安心好了，那家人一定没有其他地方去买尸体的。”那些诋毁忠臣的人与此非常相似。忠臣没有功劳不得民心，就拿他们没功劳不得民心诋毁他们；有功劳得民心，就又拿他们有功得民心诋毁他们。君主中没有原则的，如果不了解这个道理，难道不是很可悲吗？比干、苌弘就是因此而被杀的，箕子、商容就是因此而困窘的，周公、召公就是因此而受到猜疑的，范蠡、伍子胥就是因此而流落江湖的，生死存亡、安危，全都是由此产生出来的。

【原文】

子产治郑，邓析务难之，与民之有狱者约：大狱[①]一衣，小狱襦[②]袴[③]。民之献衣襦袴而学讼者，不可胜数。以非为是，以是为非，是非无度，而可与不可日变。所欲胜因胜，所欲罪因罪。郑国大乱，民口讙哗。子产患之，于是杀邓析而戮之，民心乃服，是非乃定，法律乃行。今世之人，多欲治其国，而莫之诛邓析之类，此所以欲治而愈乱也。

【注释】

①狱：狱讼。 ②襦（rú）：短衣。 ③袴（kù）：胫衣，类似后来的短裤。

【译文】

子产治理郑国，邓析总是竭力刁难他，与有狱讼的人约定：学习罪行重的狱讼送一件上衣，学习罪行轻的狱讼送上短衣或短裤。于是，人们献上衣服的不计其数。以错为对，以对为错，对错之间没有标准，可与不可每天都在改变。想让某人赢得诉讼就赢得诉讼，想让某人获罪就获罪，结果导致郑国大乱，民怨沸腾。子产对此深感忧虑，于是杀死邓析且陈尸示众，民心才安定，是非才明辨，法律才实行。如今世上之人，都想治理好自己的国家，却不杀掉邓析这类人，这也就是国家越治理越混乱的原因啊。

【原文】

齐有事人者，所事①有难而弗死也。遇故人于涂，故人曰："固不死乎？"对曰："然。凡事人，以为利也。死不利，故不死。"故人曰："子尚可以见人乎？"对曰："子以死为顾可以见人乎？"是者数传。不死于其君长，大不义也，其辞犹不可服，辞之不足以断事也明矣。夫辞者，意之表也。鉴其表而弃其意，悖。故古之人，得其意则舍其言矣。听言者以言观意也，听言而意不可知，其与桥言②无择③。

【注释】

①所事：指所侍奉的人。 ②桥言：乖戾之言。 ③无择：没有区别。

【译文】

齐国有个做保镖的人，他的主人遇刺他却不以死相救。一天，在路上遇到了熟人，熟人道："你果真不以死事主吗？"这个人回答说："是的。凡是做保镖，都是为了取谋利益。死掉对我不利，所以不能死。"这熟人说道："像你这样，还可以出来见人吗？"这个人答道："你认为死了以后就可以见人了吗？"这样的话他说过多次。不为自己的主人赴死，是非常不道义的，但这个人依然振振有词，凭借言辞不足以断事是很明了的了。所谓言辞，是思想的外化，专注于表象而丢弃思想，是糊涂的。所以古代的人，懂得了思想就可以不听他的言辞了。听人讲话是通过言语体察思想，如果听言语而不知其意，这样的言语就与乖戾之言没有任何区别了。

【原文】

齐人有淳于髡[①]者，以从说魏王。魏王辨之，约车十乘，将使之荆[②]。辞而行，有以横说魏王，魏王乃止其行。失从之意，又失横之事，夫其多能不若寡能，其有辩不若无辩。周鼎著倕而龁[③]其指，先王有以见大巧之不可为也。

【注释】

①淳于髡（kūn）：战国时期齐国著名的政治家和思想家。其具体生卒时间不详，大概与邹忌同时，略长于孟子，主要活动在齐威王和齐宣王之际。淳于髡以博学多才、善于辩论著称，是稷下学宫中最具有影响的学者之一。他长期活跃在齐国的政治和学术领域，上说下教，不治而议论。 ②荆：指楚国。 ③龁（hé）：咬。

【译文】

齐国有个叫淳于髡的，用合纵之术劝说魏王。魏王觉得他说得非常好，于是套好十辆马车，派他出使楚国。临行之时，他又用连横之术劝说魏王，于是魏王不让他去了。结果，既让合纵的主张落空，也让连横的事情落空，那么他有才倒不如无才，善辩倒不如不善辩。周鼎刻铸上倕的图像，却让他咬断自己的手指，先王以此来表明大巧是不可取的。

审应览·具备

【原文】

今有羿、蠭蒙[①]、繁弱[②]于此，而无弦，则必不能中也。中非独弦也，而弦为中之具也。夫立功名亦有具，不得其具，贤虽过汤、武，则劳而无功矣。汤尝约[③]于郼、薄[④]矣，武王尝穷于毕、郢矣，伊尹尝居于庖厨矣，太公尝隐于钓鱼矣。贤非衰也，智非愚也，皆无其具也。故凡立功名，虽贤，必有其具，然后可成。

【注释】

①蠭(páng)蒙：夏代善于射箭的人。蠭蒙学射于羿，尽羿之道。思天下唯羿胜己，于是杀羿。 ②繁弱：古代中国神话中的一把弓，相传是中国上古夏朝君主仲康和部落首领后羿的配弓。由于后羿常常与尧时的大羿混淆，所以也有传闻繁弱是大羿射日时所用的弓。 ③约：穷困。 ④薄：通“亳”。

【译文】

即使有像后羿、蠭蒙这样的神箭手，有繁弱这样的宝弓，但如果没有弓弦，也必定无法射中猎物。射箭并非只靠弓弦，但弓弦是弓箭射中猎物的条件。建功立业也有条件，不具备条件，即便贤德超过了商汤、周武王，也会徒劳无功。商汤曾受困于郼、亳，周武王曾在毕、郢走投无路，伊尹曾在厨房当仆隶，姜太公曾隐居起来垂钓。不是他们的德行不高，也不是他们的才智愚钝，都是因为条件不具备。所以凡是建功立业，即使贤德，也必须具备相应的条件，然后才可成功。

【原文】

宓子贱[①]治亶父，恐鲁君之听谗人，而令己不得行其术也，将辞而行，请近吏二人于鲁君与之俱。至于亶父，邑吏皆朝。

宓子贱令吏二人书。吏方将书，宓子贱从旁时掣摇其肘，吏书之不善，则宓子贱为之怒。吏甚患之，辞而请归。宓子贱曰："子之书甚不善，子勉归矣！"二吏归报于君，曰："宓子不可为书。"君曰："何故？"吏对曰："宓子使臣书，而时掣摇臣之肘，书恶而有甚怒，吏皆笑宓子。此臣所以辞而去也。"鲁君太息而叹曰："宓子以此谏寡人之不肖也。寡人之乱子，而令宓子不得行其术，必数有之矣。微[②]二人，寡人几过。"遂发所爱而令之亶父，告宓子曰："自今以来，亶父非寡人之有也，子之有也。有便于亶父者，子决为之矣。五岁而言其要。"宓子敬诺，乃得行其术于亶父。三年，巫马旗[③]短褐衣弊裘而往观化于亶父，见夜渔者，得则舍之。巫马旗问焉，曰："渔为得也，今子得而舍之，何也？"对曰："宓子不欲人之取小鱼也。所舍者小鱼也。"巫马旗归，告孔子曰："宓子之德至矣，使民暗行若有严刑于旁。敢问宓子何以至于此？"孔子曰："丘尝与之言曰：'诚乎此者刑乎彼。'宓子必行此术于亶父也。"夫宓子之得行此术也，鲁君后得之也。鲁君后得之者，宓子先有其备也。先有其备，岂遽必哉？此鲁君之贤也。

【注释】

①宓（fú）子贱：鲁国人，是孔子的学生。他曾有在鲁国朝廷做官的经历。 ②微：假如没有。 ③巫马旗：姓巫马，名旗，字子期，亦称巫马施。春秋末年鲁国人，一说陈国人。以勤奋著称，《韩诗外传》卷一载，他为单父宰时，"以星出，以星入，日夜不处，以身亲之"，而使单父治。

【译文】

宓子贱治理亶父时，担心鲁君听信谗人，从而令自己的主张不能推行，临行之前，向鲁君请求他身边的两个近臣和自己一起去。到了亶父，当地官吏都来朝见。宓子贱便让那两个近臣写法令。近臣刚要开始写，宓子贱便在一旁推摇他们的胳膊肘，近臣写得很糟糕，于是宓子贱因此发怒。近臣非常担忧，便请求回去。宓子贱说："你们法令写得这样糟糕，趁早回去吧！"两个近臣回去后向鲁君报告说："宓子这个人不能给他当文书。"鲁君问："什么原因？"近臣答道："宓子让我们写法令，却不时摇我们的胳膊肘，写坏了又大发脾气，亶父的官吏都嘲笑我们。这就是我们离开他的原因。"鲁君长叹道："宓子是在用此种方式对我劝谏啊。我扰乱他，使他不能推行自己的主张，必定发生过多次了。假如没有你们两个，我几乎要屡次犯错了。"于是派自己的亲信去亶父，告诉宓子道："从今而后，亶父不是我的，而是你的了。只要是对亶父有利的，你就自己决断吧。五年以后向我报告施政要点。"宓子恭敬地答应了，于是在亶父推行自己的主张。三年之后，巫马旗穿着粗布破衣前往亶父观察施行教化的情况，看到夜里打鱼之人，捕到鱼又扔回水中。巫马旗便问他说："捕鱼是为了得到它，现在你却把它扔回水里，为什么？"那人答道："宓子不让人捕小鱼，我扔回水里的全都是小鱼。"巫马旗回去后，告诉孔子说："宓子的德行太高妙了，能在夜中独自做事的人，宛如有严刑在身不敢为非作歹。敢问宓子是如何达到这种境界的？"孔子道："我曾跟他说过：'做事一定要诚于心而形于外。'宓子一定是在亶父推行这个主张了。"宓子得以实行这个主张，是因为鲁君后来领悟到这一点。鲁君之所以能领悟到这一点，是因为宓子事先做了准备。然而，事先做了准备，就一定能让君主领悟吗？这就是鲁君的贤明之处啊。

【原文】

三月婴儿，轩冕[①]在前，弗知欲也；斧钺[②]在后，弗知恶也；慈母之爱，谕焉。诚也。故诚有诚乃合于情，精有精乃通于天。乃通于天，水木石之性，皆可动也，又况于有血气者乎？故凡说与治之务莫若诚。听言哀者，不若见其哭也；听言怒者，不若见其斗也。说与治不诚，其动人心不神。

【注释】

①轩冕：古代士大夫的车服。 ②钺（yuè）：古代的一种武器，虽具备杀伤力，但更多是一些仪卫所用，和使用武器不同。

【译文】

三个月的婴儿，轩车冕服摆在他面前，他不知道羡慕；斧钺等凶器架在他后面，他也不知道害怕；但慈母之爱他能够领会。这是心诚的力量。所以诚而又诚才合乎真情，精而又精才能与天性相通。与天性相通，水、木、石的本性都可以改变，更何况是有血气的人呢？所以，凡是游说和治理政事，其要务没有比诚心诚意更要紧的了。听别人说话很悲哀，不如看到他哭泣；听别人说话很愤怒，不如看到他搏斗。游说和治理政事不诚心诚意，那就不能感化人心。

离俗览·贵信

【原文】

凡人主必信，信而又信，谁人不亲？故《周书》[①]曰：“允哉[②]！允哉！”以言非信则百事不满也。故信之为功大矣。信立则虚言可以赏矣。虚言可以赏，则六合[③]之内皆为己府矣。信之所及，尽制之矣。制之而不用，人之有也；制之而用之，己之有也。己有之，则天地之物毕为用矣。人主有见此论者，其王不久矣；人臣有知此论者，可以为王者佐[④]矣。

【注释】

①周书：记载周代训诰誓命之书，已亡佚。 ②允哉：意为“诚信啊”。 ③六合：上下和东西南北四方，即天地四方，泛指天下。④王者佐：君王的辅佐之臣，这里指宰相。

【译文】

凡是君主必定要讲诚信，做到诚信再诚信，谁会不亲附他呢？所以《周书》说：“诚信啊！诚信啊！”因此如果不诚信则所有事情都不能圆满。诚信的功用实在是太大了。诚信树立则虚假的话就可以鉴别出来。能够鉴别谎话，则整个天下都成为自己的了。诚信所达到之地，都是能够控制的。能控制却不利用，仍会为他人所有；能控制而又加以利用，才会为己所有。为己所有，则天地间的事物就都为己所用了。君主知道这个道理，很快就能称王；臣子知道这个道理，就可以当宰相了。

【原文】

天行不信[①]，不能成岁；地行不信，草木不大。春之德[②]风，风不信，其华不盛，华不盛，则果实不生。夏之德暑，暑不信，其土不肥，土不肥，则长遂不精。秋之德雨，雨不信，其谷不坚[③]，谷不坚，则五种不成。冬之德寒，寒不信，其地不刚，地不刚，则冻闭不开。天地之大，四时之化，而犹不能以不信成物，又况乎人事？

【注释】

①不信：原为不诚信，这里引申为不符合规律。 ②德：德行，这里引申为旺气。 ③坚：坚实，饱满。

【译文】

天体运行没有规律，就不能形成一年；大地运行没有规律，草木就不能长大。春天的旺气是风，风不按时刮，花就不能盛开；花不盛开，则果实就不生长。夏天的旺气是暑热，暑热不按时来，土地就不肥沃；土地不肥沃，植物生长成熟的情况就不好。秋天的旺气为雨，雨不按时下，谷粒就不饱满；谷粒不饱满，五谷就不能成熟。冬天的旺气是寒冷，寒冷不按时到，土地冻就得不坚固；土地不坚固，就不能冻开裂缝。天地如此辽阔，四时变化如此之大，尚且不能不按自然规律生成万物，更何况人呢？

【原文】

君臣不信，则百姓诽谤，社稷不宁。处官不信，则少不畏长，贵贱相轻。赏罚不信，则民易犯法，不可使令。交友不信，则离散郁怨，不能相亲。百工不信，则器械苦[1]伪[2]，丹漆染色不贞[3]。夫可与为始，可与为终，可与尊通，可与卑穷者，其唯信乎！信而又信，重袭于身，乃通于天。以此治人，则膏雨甘露降矣，寒暑四时当矣。

【注释】

①苦（gǔ）：指粗劣。 ②伪：作假。 ③不贞：不纯洁，不纯粹。

【译文】

政府不诚信，就会民怨沸腾，国家不得安宁。长官不诚信，年轻人就不会敬畏年长者，上下之间就会相互轻视。赏罚不诚信，百姓就会轻易触犯法律，并且不可以对他施加命令。交友不诚信，就会离散怨恨，不能互相亲近。工匠不诚信，制造器物就会粗劣作假，丹和漆等颜料就不纯正。可以与之一起开始，又可以一起终止；可以与之一起尊贵显达，也可以一起卑微穷困的，大概只有诚信吧！诚信再诚信，诚信重叠于身，就能与天意相通。以此来治理国家，那么滋润的雨水和甜美的露水就会降下来，四季寒暑就会轮转得当了。

【原文】

齐桓公伐鲁。鲁人不敢轻战，去鲁国五十里而封之。鲁请比关内侯以听，桓公许之。曹翙[1]谓鲁庄公曰："君宁死而又死乎，其宁生而又生乎？"庄公曰："何谓也？"曹翙曰："听臣之言，国必广大，身必安乐，是生而又生也；不听臣之言，国必灭亡，身必危辱，是死而又死也。"庄公曰："请从。"

于是明日将盟，庄公与曹翙皆怀剑至于坛上。庄公左搏桓公，右抽剑以自承[②]，曰："鲁国去境数百里，今去境五十里，亦无生矣。钧其死也，戮于君前。"管仲、鲍叔进。曹翙按剑当两陛之间曰："且二君将改图，毋或进者！"庄公曰："封于汶[③]则可，不则请死。"管仲曰："以地卫君，非以君卫地。君其许之！"乃遂封于汶南，与之盟。归而欲勿予，管仲曰："不可。人特劫君而不盟，君不知，不可谓智；临难而不能勿听，不可谓勇；许之而不予，不可谓信。不智不勇不信，有此三者，不可以立功名。予之，虽亡地，亦得信。以四百里之地见信于天下，君犹得也。"庄公，仇也；曹翙，贼也。信于仇贼，又况于非仇贼者乎？夫九合之而合，壹匡[④]之而听，从此生矣。管仲可谓能因物矣。以辱为荣，以穷为通，虽失乎前，可谓后得之矣。物固不可全也。

【注释】

①曹翙（huì）：一作曹刿（guì）。生卒年不详，春秋时鲁国大夫（今山东省东平县人），著名的军事理论家。鲁庄公十年（前684），齐攻鲁，翙求见请取信于民后战，作战时随从指挥，大败齐师，一鼓作气之典出于此。②自承：指向自己。③汶：古水名，泰山一带水皆名汶，靠近齐国。④壹匡：一匡天下，统一天下。

【译文】

齐桓公攻打鲁国。鲁国人不敢轻易应战，在距离鲁国都城五十里的地方封土为界。鲁国请求自降关内侯服从齐国，齐桓公答应了。曹翙对鲁庄公说："您是愿意死而又死呢，还是愿意生而又生呢？"鲁庄公问："你这话是什么意思？"曹翙说："您听从我的，国土必定广大，您自身也必定安乐，这便是生而又生；如果不听我的，则鲁国必定灭亡，您自身必定遭受危险耻辱，这便是死而又死。"鲁庄公道："我愿意听你的。"于是，第二天将要盟会时，庄公与曹翙都揣着剑到了坛上。庄公左手抓住桓公，右手抽出剑来指着自己，道：“鲁国都城原本离边境有几百里。如今只有五十里，反正也没法活了，削减领土跟杀死我没有两样，就让我死在您面前吧！”管仲、鲍叔上前，曹翙按剑站在两阶之间，道：“两位君主将另作商量，谁都不许上来！”庄公道：“以汶水为界便可以，否则便请求一死。”管仲道：“应当用领土保卫君主，而不是用君主保卫领土，您还是答应了他吧！”结果在汶水之南封土为界，跟鲁国订立了盟约。回国后齐桓公不想还给鲁国土地，管仲道：“这样做不可以！人家只是为了胁迫您，并没想订立盟约，您却不知道，不能说是聪明；面临危难又不能不受别人胁迫，不能说是勇敢；答应了人家又不还给人家土地，不能算作诚信。不聪明、不勇敢、不诚信，有这三种行为的人，不可以建立功名！还它土地，虽说失去了土地，但还能得到诚信的名声。用四百里地就能在天下人面前显示诚信，您还是很划算的。”鲁庄公是仇人，曹翙是敌人，对仇人和敌人都讲诚信，更何况对非仇非敌之人呢？齐桓公多次会盟诸侯而能成功，使一切都得到匡正而天下都能听从，就是从这里开始的。管仲可以说是能因势利导了，他把耻辱变成光荣，把困窘变成通达，虽说前面有所失，但可以说后面有所得了。事情原本就不能十全十美啊！

离俗览·举难

【原文】

以全举人固难，物之情也。人伤[①]尧以不慈之名，舜以卑父之号，禹以贪位之意，汤、武以放弑之谋，五伯以侵夺之事。由此观之，物岂可全哉？故君子责人则以人，自责则以义。责人以人则易足，易足则得人；自责以义则难为非，难为非则行饰[②]。故任天地而有馀。不肖者则不然。责人则以义，自责则以人。责人以义责难瞻，难瞻则失亲；自责以人则易为，易为则行苟。故天下之大而不容也，身取危，国取亡焉。此桀、纣、幽、厉之行也。尺之木必有节目，寸之玉必有瑕璚[3]。先王知务之不可全也，故择务而贵取一也。

【注释】

①伤：诋毁。 ②饰：通“饬”，端正。 ③瑕璚（tì）：玉上的斑点。

【译文】

以十全十美的标准推举人才必定很难，这是实情。有人以不爱子来诋毁帝尧，以不孝父来诋毁帝舜，以贪图帝位来诋毁大禹，以放逐、杀死君主来诋毁商汤和周武王，以侵掠别国来诋毁春秋五霸。由此看来，事情怎么可能会十全十美呢？所以君子按一般标准要求别人，按义的标准要求自己。按一般标准要求别人容易达到，容易达到就能受到人民拥护；按义的标准要求自己就不易做错事，不做错事行为就端正，所以承担天地间的重任仍游刃有余。不贤德之人就并非如此了。他们用义的标准要求别人，用一般的标准要求自己。按义的标准要求别人就难以达到，难以达到就连最亲的人也会失去；按一般标准要求自己就容易做到，容易做到行为就会苟且。所以天下之大却无他们的容身之所，自己身陷危险，国家导致灭亡。这就是桀、纣、周幽王、周厉王之流的所作所为啊。一尺长的木头必定有节结，一寸大的玉石必定有瑕疵。先王知道任何事情都不可能十全十美，所以选择事物只看重其长处。

【原文】

季孙氏劫公家，孔子欲谕术[1]则见外，于是受养而便说。鲁国以訾。孔子曰：“龙食乎清而游乎清，螭[2]食乎清而游乎浊，鱼食乎浊而游乎浊。今丘上不及龙，下不若鱼，丘其螭邪！”

夫欲立功者，岂得中绳哉？救溺者濡，追逃者趋。

【注释】

①谕术：即谕以术，以道理晓谕。 ②螭（chī）：古代神话传说中的龙生九子之一，是一种没有角的龙。中国古建筑或器物、工艺品上常用它的形状作装饰，嘴大、肚子能容纳很多水，在建筑中多用于排水口的装饰，称为螭首散水。

【译文】

季孙氏把持鲁国政权，孔子想要以理晓谕就会被疏远，于是便去接受他的衣食，以便向他劝说。鲁国人以此责备孔子。孔子说："龙在清澈的水里进食，在清澈的水里游动；螭在清澈的水里进食，在浑浊的水里游动；鱼在浑浊的水里进食，在浑浊的水里游动。我孔丘向上比不上龙，向下又不像鱼那样，我大概就像螭一样吧！"那些想要建功立业之人，怎么可能处处都中规中矩呢？救助溺水者的人会沾湿衣服，追赶逃跑者的人必须要奔跑啊！

【原文】

魏文侯①弟曰季成，友曰翟璜。文侯欲相之，而未能决，以问李克，李克②对曰："君欲置相，则问乐腾与王孙苟端孰贤。"文侯曰："善。"以王孙苟端为不肖，翟璜进之；以乐腾为贤，季成进之。故相季成。凡听于主，言人不可不慎。季成，弟也，翟璜，友也，而犹不能知，何由知乐腾与王孙苟端哉？疏贱者知，亲习者不知，理无自然。自然而断相，过。李克之对文侯也亦过。虽皆过，譬之若金之与木，金虽柔，犹坚于木。

【注释】

①魏文侯：姬姓，魏氏，名斯，一名都，安邑（今山西夏县）人，战国时期魏国开国君主。 ②李克：为战国初期魏国著名政治家、儒家子夏的弟子，魏武侯时期任中山相。世间流传的《法经》并非李克所作，乃李悝所作。

【译文】

季成是魏文侯的弟弟，翟璜是他的朋友。文侯想在二人之中选择一个当宰相，却不能决断，于是问李克，李克答道：“您想立宰相，看看乐腾和王孙苟端哪个更好就可以了。文侯道：“好。”文侯觉得王孙苟端不好，他是翟璜举荐的；认为乐腾好，他是季成举荐的。于是让季成当了宰相。凡是君主听从的人，其谈论不可不慎重。季成是弟弟，翟璜是朋友，文侯尚且不能了解，又如何能了解乐腾与王孙苟端呢？了解疏远低贱的人，却不了解亲近熟悉的人，天底下没有这样的道理啊。没有道理却以此决断相位，这是错的。李克回答文侯的话也是错的。虽然他们都错了，但就如同金和木一样，黄金虽软，但还是比木头硬。

【原文】

孟尝君[①]问于白圭[②]曰：“魏文侯名过桓公，而功不及五伯，何也？”白圭对曰：“文侯师子夏，友田子方，敬段干木，此名之所以过桓公也。卜相曰‘成与璜孰可’，此功之所以不及五伯也。相也者，百官之长也。择者欲其博也。今择而不去二人，与用其雠亦远矣。且师友也者，公可也；戚爱[③]也者，私安也。以私胜公，衰国之政也。然而名号显荣者，三士羽翼之也。”

【注释】

①孟尝君：田文，战国时齐国贵族，战国四公子之一。齐国宗室大臣，其父靖郭君田婴是齐威王的小儿子，因封袭其父爵于薛国（今山东省滕州市官桥镇），又称薛公，号孟尝君。 ②白圭：战国时期人，名丹，字圭，有“商祖”之誉。在魏惠王属下为大臣，善于修筑堤坝，兴修水利。 ③戚爱：亲戚及宠爱之人。

【译文】

孟尝君问白圭道：“魏文侯的名声超过齐桓公，但功业赶不上五霸，是什么原因呢？”白圭回答道：“魏文侯以子夏为师，以田子方为友，并且敬重段干木，这是他的名声超过齐桓公的原因。选择宰相时却说‘季成与翟璜哪一个好’，这是他的功业赶不上春秋五霸的原因。宰相，是百官之长，要从众人中挑选。如今，魏文侯的选择却离不开那两个人，这跟桓公任用自己的仇人管仲为相相比差得太远了。况且，以师友为相是出于公义，以亲属宠爱为相是出于私利。把私利放在公义之上，这是衰微国家的政治。然而他的名声显赫荣耀，是因为有三位贤士辅佐他。”

【原文】

宁戚[①]欲干齐桓公，穷困无以自进，于是为商旅将任车以至齐，暮宿于郭门之外。桓公郊迎客，夜开门，辟任车，爝火甚盛，从者甚众。宁戚饭牛居车下，望桓公而悲，击牛角疾[②]歌。桓公闻之，抚其仆之手曰：“异哉！之歌者非常人也！”命后车[③]载之。桓公反，至，从者以请。桓公赐之衣冠，将见之。宁戚见，说桓公以治境内。明日复见，说桓公以为天下。桓公大说，将任之。群臣争之曰：“客，卫人也。卫之去齐不远，君不若使人问之。而固贤者也，用之未晚也。”桓公曰：“不然。问之，患其有小恶。以人之小恶，亡人之大美，此人主之所以失天下之士也已。”凡听必有以矣，今听而不复问，合其所以也。且人固难全，权而用其长者，当举也。桓公得之矣。

【注释】

①宁戚：春秋卫惠公时人，是现代宁姓始祖，春秋莱棠邑（今青岛平度）人，卫国（今河南境内）人，早年怀经世济民之才而不得志。齐桓公二十八年（前685）拜为大夫。后长期任齐国大司田，为齐桓公主要辅佐者之一。 ②疾：高声。 ③后车：副车。

【译文】

宁戚欲向齐桓公谋求官职，却苦于没有办法举荐自己，于是给商人赶着装载货物的车子到了齐国，晚上住在城门之外。齐桓公到郊外迎客，夜里打开城门，让载货车避开，火把明亮，跟随的人很多。宁戚在车下喂牛，望见桓公，心生悲伤，于是敲着牛角大声唱歌。桓公听到歌声，拍着车夫的手说："真是与众不同啊！这唱歌的并非一般人啊！"于是命副车载着宁戚。桓公返回朝廷，随从请示桓公如何安置宁戚。桓公赐给他衣服帽子，准备召见他。宁戚见到桓公，用治国安邦之策劝说。第二天又见到桓公，用如何得到天下的话劝说。桓公听了很高兴，准备任用他，臣子们却劝谏说："这人是卫国人，卫国离齐国不远，您不如派人去问一下。如果确实是贤德之人，再任用他也不迟。"桓公道："不是这样。派人询问，是担心他身上有小毛病。因为一些小毛病，却丢掉他的大优点，这是君主失掉天下人才的原因。"凡是听取别人主张就一定是有根据的了，现在听其主张而不再去追究他的为人，这是因为他的主张符合听者心目中的标准。况且，人原本就难以十全十美，衡量后用其所长，是举荐人才的恰当方法。桓公掌握了这个原则。

恃君览·骄恣

【原文】

亡国之主，必自骄，必自智，必轻物。自骄则简[1]士，自智则专独，轻物则无备。无备召祸，专独位危，简士壅塞[2]。欲无壅塞，必礼士；欲位无危，必得众；欲无召祸，必完备。三者，人君之大经也。

【注释】

①简：慢待。 ②壅塞：闭塞。

【译文】

亡国之君，必定骄傲自满，必定自作聪明，必定轻视外物。

骄傲自满就会慢待贤士，自作聪明就会独断专行，轻视外物就会没有防备。没有防备就会招致祸端，独断专行则君位就会危险，慢待贤士就会听闻闭塞。所以想不闭塞，必须礼贤下士；想君位没有危险，必须得到众人拥护；要不招致祸患，必须准备齐全。这三条，是为人君主所必须掌握的大原则。

【原文】

晋厉公[①]侈淫，好听谗人，欲尽去其大臣而立其左右。胥童谓厉公曰：“必先杀三郄。族大多怨，去大族不逼。”公曰：“诺。”乃使长鱼矫杀郄犨、郄锜、郄至于朝，而陈其尸。于是厉公游于匠丽氏，栾书[②]、中行偃[③]劫而幽之。诸侯莫之救，百姓莫之哀。三月而杀之。人主之患，患在知能害人，而不知害人之不当而反自及也。是何也？智短也。智短则不知化，不知化者举自危。

【注释】

①晋厉公：姬姓，晋氏，名寿曼（《左传》作名州蒲），晋景公之子，公元前580年至公元前573年在位。 ②栾书：春秋时晋国权臣。公元前587年至公元前573年担任正卿，仕晋景公、晋厉公、晋悼公三朝。 ③中行偃：即荀偃，姬姓，中行氏，名偃，字伯游，谥号“献”，又称中行偃（先秦时期男子称氏不称姓，虽为姬姓，却不叫姬偃）。

【译文】

晋厉公骄奢淫逸，喜欢听信谗言，他想把大臣们都除掉以提拔他的亲随。胥童对厉公说：“必须先杀三个姓郄的。他们家族庞大且对公室有诸多怨恨，除掉大家族就不会威逼公室了。”厉公说：“好啊。”于是派长鱼矫在朝廷上杀死了郄犨、郄锜、郄至，并且将其尸体示众。后来厉公到匠丽氏游乐，栾书、中行偃劫持并囚禁了他。诸侯们没人援救他，百姓中没人哀怜他，三个月后就把他杀了。君主的弊病，在于只知道危害别人，却不知如若所害之人是不该害的反而会伤及自己。这是什么原因呢？因为智谋短浅啊！智谋短浅就不知道事物的变化，不知道事物变化一举一动都会危害自身。

【原文】

魏武侯谋事而当，攘臂[①]疾言于庭曰："大夫之虑，莫如寡人矣！"立有间，再三言。李悝趋进曰："昔者楚庄王谋事而当，有大功，退朝而有忧色。左右曰：'王有大功，退朝而有忧色，敢问其说？'王曰：'仲虺有言，不穀[②]说[③]之。曰："诸侯之德，能自为取师者王，能自取友者存，其所择而莫如己者亡。"今以不穀之不肖也，群臣之谋又莫吾及也，我其亡乎！'"曰："此霸王之所忧也，而君独伐之，其可乎！"武侯曰："善。"人主之患也，不在于自少，而在于自多。自多则辞受，辞受则原竭。李悝可谓能谏其君矣，壹称而令武侯益知君人之道。

【注释】

①攘臂：捋袖伸臂，振奋的样子。 ②不穀：先秦天子或诸侯自称，属于谦称。 ③说：通"悦"，喜欢。

【译文】

魏武侯谋划事情很得当，一次他在朝廷中捋袖伸臂大声道："你们这些大夫的谋虑，没有人能超过我了！"只一会儿工夫，便说了好几遍。这时，李悝快步走上前进言："从前楚庄王谋划事情非常得当，成就了极大的功业，退朝后却面有忧色。左右官员问：'大王您成就了如此大的功业，退朝后却面有忧色，请问是为什么呢？'庄王道：'仲虺有句话，我很喜欢。他说："诸侯的德行，能为自己选取老师的就会称王，能为自己选取朋友的就会保存自身，所选取的人不如自己的就会遭到灭亡。"如今以我的不贤德，群臣的谋划又都赶不上我，我大概要灭亡了吧！’”李悝又道：“这就是成就霸王之业者所忧虑的，但您偏偏自夸，怎么可以呢！”武侯说：“你说得很好！”君主的弊病，不在于看轻自己，而在于看重自己。看重自己，那么该接受的意见就会拒绝。拒绝该接受的意见，那么进谏之路就堵塞了。李悝可以说是善于劝谏自己君主的了，一劝谏就让武侯更加明白当君主的原则。

【原文】

齐宣王为大室，大益百亩，堂上三百户[①]。以齐之大，具之三年而未能成。群臣莫敢谏王。春居问于宣王曰：“荆王释先王之礼乐，而乐为轻，敢问荆国为有主乎？”王曰：“为无主。”“贤臣以千数而莫敢谏，敢问荆国为有臣乎？”王曰：“为无臣。”“今王为大室，其大益百亩，堂上三百户。以齐国之大，具之三年而弗能成。群臣莫敢谏，敢问王为有臣乎？”王曰：“为无臣。”春居曰：“臣请辟矣！”趋而出。王曰：“春子！春子！反！何谏寡人之晚也？寡人请今止之。”遽召掌书曰：“书之！寡人不肖，而好为大室。春子止寡人。”箴谏不可不熟。莫敢谏若[②]，非弗欲也。春居之所以欲之与人同，其所以入之与人异。宣王微春居，几为天下笑矣。由是论之，失国之主，多如宣王，然患在乎无春居。故忠臣之谏者，亦从入之，不可不慎。此得失之本也。

【注释】

①户：门。　②若：通“者”。

【译文】

齐宣王修造大宫殿，规模超过原来的一百亩，堂上设三百座门。以齐国这样的大国，建了三年却还没建成，群臣中没有人敢劝阻他。春居向宣王道：“楚王抛弃先王的礼乐，音乐由此变得

轻浮，请问楚国有贤主吗？”宣王道：“没有贤主。”春居道：“楚国所谓贤臣数以千计，却没有一个人敢于劝谏，请问楚国有贤臣吗？”宣王道：“没有贤臣。”春居说：“现在您修建豪华宫殿，其规模已经超过一百亩，堂上设三百座门。以齐国这样的大国，建了三年仍不能建成，群臣中却没有一个人敢于劝阻，请问您有贤臣吗？”宣王道：“没有贤臣。”春居道：“那么就请允许我离开吧！”说完快步走出去。宣王说：“春子！春子！回来！为何这么晚才劝阻我呢？我现在就终止错误的行为！”于是，赶紧召见记事官，说：“写上！我不贤德，喜欢修建大宫殿，春子阻止了我。”劝谏不可不认真考虑。不敢劝谏之人，并非不想劝谏。春居想要做得跟别人一样，但他采用的方法跟别人不同。如果宣王没有春居，几乎要被天下人所耻笑了。由此说来，亡国之君，大都像宣王一样，但其祸患在于没有春居那样的贤臣。所以敢于劝谏的忠臣，也应顺势劝谏，这一点不可不慎重对待。因为这是成败的根本啊！

【原文】

赵简子[①]沈鸾徼于河，曰：“吾尝好声色矣，而鸾徼致之；吾尝好宫室台榭矣，而鸾徼为之；吾尝好良马善御矣，而鸾徼来之。今吾好士六年矣，而鸾徼未尝进一人也。是长吾过而绌[②]善也。”故若简子者，能厚以理督责于其臣矣。以理督责于其臣，则人主可与为善，而不可与为非；可与为直，而不可与为枉。此三代之盛教。

【注释】

①赵简子：中国春秋时期晋国赵氏的领袖，原名赵鞅，又名志父，亦称赵孟。《赵氏孤儿》中的孤儿赵武之孙。晋昭公时，公族弱，大夫势力强，赵简子为大夫，专国事，致力于改革，为后世魏文侯李悝变法、秦孝公商鞅变法和赵武灵王改革，首开先河。

②绌（chù）：减损。

【译文】

赵简子将鸾徼沉到黄河中，道："我曾喜好声色犬马，鸾徼就给我搞来；我曾喜好宫室台榭，鸾徼就给我修建；我曾喜好良马好驭手，鸾徼就帮我找来。如今，我喜好贤士已经六年了，鸾徼却未曾举荐过一个人。这是在助长我的过错而磨灭我的长处啊！"所以像简子这样的人，是能严格按照原则来审察责求自己的臣子了。对臣子依照原则责求，就可以跟他一起为善，而不可以跟他一起作恶；可跟他一起做正直之事，而不可以跟他一起做邪曲之事。这是夏商周三代的美好教化。

恃君览·观表

【原文】

凡论人心，观事传[①]，不可不熟，不可不深。天为高矣，而日月星辰云气雨露未尝休也；地为大矣，而水泉草木毛羽裸[②]鳞未尝息也。凡居于天地之间、六合之内者，其务为相安利也，夫为相害危者，不可胜数。人事皆然。事随心，心随欲。欲无度者，其心无度。心无度者，则其所为不可知矣。人之心隐匿难见，渊深难测。故圣人于事志焉。圣人之所以过人以先知，先知必审征表。无征表而欲先知，尧、舜与众人同等。征虽易，表虽难，圣人则不可以飘矣。众人则无道至焉。无道至则以为神，以为幸。非神非幸，其数不得不然。郈成子[③]、吴起近之矣。

【注释】

①事传：事情。 ②裸：指牛羊之类的裸蹄动物。 ③郈（hòu）成子：鲁国的大臣，以善于观察人而闻名天下。

【译文】

举凡衡量人心，观察事物，不可不熟稔，不可不深入。天可

以算高了，但日月星辰云气雨露从未休止过；地可以算很大了，但水泉草木飞禽走兽从未灭绝过。凡居于天地之间、宇宙之内的，原应尽力地互安互利，然而互相危害的不计其数。人与事全都如此。事情取决于人心，人心源自欲望。欲望没有限度之人，心也就没有限度了。人心没有限度，其所作所为就不被了解。人的心思隐秘难以窥见，就如同深渊难以测量一样。所以圣人考察事情必先察其志向。圣人因为先知所以超过一般人，而要做到先知就必须先审察表象征兆。没有表象征兆却想先知先觉，就是尧、舜也不可能做到。虽然征兆易于观察，表象难于考查，但圣人不可以匆忙下结论。一般人无法达到先知先觉。无法先知先觉，就认为先知者是靠神力，以为是侥幸。其实，先知并非靠神力，并非靠侥幸，而是根据征兆表象看到事理不得不如此。郈成子、吴起就已经接近于先知先觉了。

【原文】

郈成子为鲁聘[①]于晋，过卫，右宰谷臣[②]止而觞之。陈乐而不乐，酒酣而送之以璧。顾反，过而弗辞。其仆曰："向者右宰谷臣之觞吾子也甚欢，今侯渫过而弗辞？"郈成子曰："夫止而觞我，与我欢也。陈乐而不乐，告我忧也。酒酣而送我以璧，寄之我也。若由是观之，卫其有乱乎！"倍卫三十里，闻宁喜之难作，右宰谷臣死之，还车而临[③]，三举而归。至，使人迎其妻子，隔宅而异之，分禄而食之。其子长而反其璧。孔子闻之，曰："夫智可以微谋、仁可以托财者，其郈成子之谓乎！"郈成子之观右宰谷臣也，深矣妙矣。不观其事而观其志，可谓能观人矣。

【注释】

①聘：出使。　②右宰谷臣：卫大夫。右宰本是官名，此以官为姓。　③临：哭悼死者。

【译文】

郈成子为鲁国出使晋国，路过卫国，右宰谷臣留下并宴请了他。右宰谷臣安排乐器演奏，所奏的乐曲却不欢快；喝到畅快之际，又把璧玉送给了郈成子。郈成子从晋国回来，经过卫国却不向右宰谷臣告别。他的仆从说："先前右宰谷臣宴请您，感情非常欢洽，现在为什么过而不辞呢？"郈成子道："他留下并宴请我，原本是要和一起我欢乐，但乐器奏乐并不欢快，这是向我表明他的忧愁啊。酒喝正酣之际，他把璧玉送给我，这是把它托付给我啊。由此看来，卫国大概有祸乱吧！"郈成子离开卫国三十里，听到宁喜作乱，右宰谷臣为卫君殉难，于是掉转车子回去哭悼谷臣，哭了三次才回国。回到鲁国，他便派人去接右宰谷臣的妻子儿女，把自己的住宅隔出一间来让他们分开居住，并拿出自己的俸禄来养活他们。等到右宰谷臣的儿子长大后，郈成子把璧玉还给了他。孔子听闻此事，说："他的智慧可以通过隐微方式与之谋划，他的仁德可以托付自己的财物，这个人大概就是郈成子吧！"郈成子观察右宰谷臣，真是深入精妙啊。不察其所做之事，而察其所想之志，可以说是非常能观察人了。

【原文】

吴起治西河之外，王错谮[①]之于魏武侯，武侯使人召之。吴起至于岸门，止车而休，望西河，泣数行而下。其仆谓之曰："窃观公之志，视舍天下若舍屣。今去西河而泣，何也？"吴起雪[②]泣而应之曰："子弗识也。君诚知我，而使我毕能，秦必可亡，而西河可以王。今君听谗人之议，而不知我，西河之为秦也不久矣，魏国从此削矣。"吴起果去魏入荆，而西河毕入秦。魏日以削，秦日益大。此吴起之所以先见而泣也。

【注释】

①谮：诬陷。 ②雪：擦拭。

【译文】

吴起治理西河地区，王错向魏武侯诬陷他，武侯派人召他回来。吴起来到岸门，停下车子休息，望向西河，眼泪一行行流下来。他的仆从对他说："我私下观察您的志向，舍弃天下像舍弃鞋子一样。如今离开西河却哭泣，这是为何？"吴起擦干眼泪答道："你不知道啊！君王如果真的了解我，将我的才能全部发挥出来，必定可以灭掉秦国，凭借西河可以成就王业。如今君王听信谗言，不了解我，西河不久就要成为秦国的了，魏国从此要削弱了。"吴起果然离开魏国去了楚国，西河全部归入秦国。魏国一天天削弱，秦国一天天强大。这就是吴起事先预见此种情况而哭泣的原因啊。

【原文】

古之善相马者，寒风是相口齿，麻朝相颊，子女厉相目，卫忌相髭，许鄙相尻，投伐褐相胸胁，管青相膹[①]吻，陈悲相股脚，秦牙相前，赞君相后。凡此十人者，皆天下之良工也。其所以相者不同，见马之一征也，而知节之高卑，足之滑易，材之坚脆，能之长短。非独相马然也，人亦有征，事与国皆有征。圣人上知千岁，下知千岁，非意之也，盖有自云也。绿图[②]幡薄[③]，从此生矣。

【注释】

①膹：应为"唇"。 ②绿图：指河图。 ③幡薄：簿册。幡，与簿同义。薄，通"簿"。

【译文】

古代善相马之人，寒风观察马的口齿，麻朝观察马的面颊，子女厉观察马的眼睛，卫忌观察马的须髭，许鄙观察马的臀部，投伐褐观察马的胸肋，管青观察马的嘴唇，陈悲观察马腿，秦牙观察马的前部，赞君观察马的后部。这十个人，都是天下的相马高手。他们相马的方法虽然不同,但只要看到马的一处征象,就能知道马骨节的高低,腿脚的快慢,体质的强弱,才能的高下。并非只有相马如此,人也有征兆,事情与国家也都有征兆。圣人向上知道千年以前的事,向下知道千年以后的事,并非臆想出来的,而是有自己的原因。绿图幡簿这些祥瑞之兆,由此便产生了。

论

慎行论·疑似

【原文】

使人大迷惑者，必物之相似也。玉人之所患，患石之似玉者；相剑者之所患，患剑之似吴干[①]者；贤主之所患，患人之博闻辩言而似通者。亡国之主似智，亡国之臣似忠。相似之物，此愚者之所大惑，而圣人之所加虑也，故墨子[②]见歧道而哭之。

【注释】

①吴干：宝剑名，指春秋时期吴国名剑“干将”。《战国策·赵策》：“夫吴干之剑，肉试则断牛，金试则截盘义。” ②墨子：名翟（dí），东周春秋末期战国初期宋国商丘人，一说滕国人，一说鲁阳人。宋国贵族目夷的后代，曾担任宋国大夫。他是墨家学派的创始人，也是战国时期著名的思想家、教育家、科学家、军事家。

【译文】

让人深感迷惑的，必定是极其相似之物。玉工所担忧的，是与玉相似的石头；相剑师所担忧的，是与吴国宝剑干将相似的剑；贤明君主所担忧的，是见闻广博、能言善辩好似通达事理的人。亡国之君好像都很聪明，亡国之臣好像都很忠诚。相似之物，是愚昧者深感迷惑、圣人也要用心思索的，所以墨子才见岔路而哭。

【原文】

周宅酆、镐，近戎人。与诸侯约：为高葆祷[①]于王路，置鼓其上，远近相闻。即戎寇至，传鼓相告，诸侯之兵皆至，救天子。戎寇当至，幽王击鼓，诸侯之兵皆至，褒姒②大说，喜之。幽王欲褒姒之笑也，因数击鼓，诸侯之兵数至而无寇。至于后戎寇真至，幽王击鼓，诸侯兵不至，幽王之身乃死于丽山之下，为天下笑。此夫以无寇失真寇者也。贤者有小恶以致大恶，褒姒之败，乃令幽王好小说以致大灭。故形骸相离，三公九卿出走。此褒姒之所用死，而平王所以东徙也，秦襄晋文之所以劳王劳而赐地也。

【注释】

①葆（bǎo）祷：用土石筑的小城。葆，通“堡”。祷，通“垺”，土堡。 ②褒姒：生卒年不详，姒姓，褒国人，周幽王姬宫湦第二任王后，太子姬伯服的生母，周平王姬宜臼的后母。

【译文】

周朝在酆、镐建都，靠近戎人。与诸侯约定：在大路上修筑高大土堡，设置大鼓于其上，让远近之人都能听到。一旦戎兵入侵，便击鼓传告，诸侯的军队就赶来援救天子。戎兵曾入侵，周幽王击鼓，诸侯军队全部都如约而至，褒姒见了很高兴，喜欢幽王这样做。幽王希望看到褒姒的笑容，于是便数次击鼓，诸侯率军多次到来却没有敌兵。到后来戎兵果真来了，幽王再击鼓，诸侯的军队却不再来了，幽王被杀死在骊山之下，被天下人所耻笑。这是因没有敌寇而乱击鼓，从而错失了真正的敌寇啊！贤人尚且由小过失而招致大灾祸，又何况不贤之人呢？褒姒败坏国事，是让幽王喜好小欢乐而招致杀身亡国的大灾难。所以幽王身首异处，三公九卿出逃。这也是褒姒之所以身死，平王之所以东迁的根源，是秦襄公、晋文侯所以起兵勤王而被赐予土地的原因。

【原文】

梁北有黎丘部，有奇鬼焉，喜效人之子侄昆弟之状。邑丈人有之市而醉归者，黎丘之鬼效其子之状，扶而道苦之。丈人归，酒醒，而诮[1]其子曰："吾为汝父也，岂谓不慈哉？我醉，汝道苦我，何故？"其子泣而触地曰："孽矣！无此事也。昔也往责[2]于东邑，人可问也。"其父信之，曰："嘻！是必夫奇鬼也！我固尝闻之矣。"明日端复饮于市，欲遇而刺杀之。明旦之市而醉，其真子恐其父之不能反也，遂逝迎之。丈人望其真子，拔剑而刺之。丈人智惑于似其子者，而杀于真子。夫惑于似士者而失于真士，此黎丘丈人之智也。

【注释】

①诮：责备。 ②责：通"债"，这里用作动词，意为讨债。

【译文】

梁国的北部有个黎丘乡，那里有奇鬼，喜欢模仿别人的子孙兄弟。乡中有个老者到市集上喝醉了酒往家走，黎丘之鬼便模仿他的儿子，一路搀扶着他折磨他。老者回到家中，酒醒了，便责问他的儿子，道："我作为你的父亲，难道不慈爱吗？我喝醉酒，你在路上苦苦折磨我，这是为了什么？"儿子哭着以头触地，道："您这是遇到鬼怪了！没有这回事！昨天我去东乡讨债，不信你可以问别人。"父亲相信了儿子的话，道："唉！一定是那个奇鬼！我以前也听人说起过它。"第二天，老者特意又到集市上饮酒，希望再次遇见奇鬼把它杀了。他天一亮就去集市，喝醉后往回走，儿子怕父亲回不了家，就去接他。老者看见儿子，拔剑就刺。老者被像他儿子的奇鬼所迷惑，而杀死了自己的真儿子。那些被像是贤士的人所迷惑的君主因而错过真正的贤士，这和黎丘老者是一样的啊！

【原文】

疑似之迹，不可不察，察之必于其人也。舜为御[1]，尧为左，禹为右，入于泽而问牧童，入于水而问渔师，奚故也？其知之审也。夫孪子[2]之相似者，其母常识之，知之审也。

【注释】

①御：驾车之人，车夫。 ②孪子：孪生兄弟。

【译文】

对于相似的迹象，不能不明察秋毫，而要明察则必须找到熟悉情况的人。即使让舜来做你的车夫，尧做你的车左，禹做你的车右，进入沼泽也要问牧童，到了水边也要问渔夫。这是为什么呢？因为他们了解情况。双胞胎长得很像，但他们的母亲总能够辨认，就是因为母亲对他们了解得很清楚。

慎行论·察传

【原文】

夫得言不可以不察。数传而白为黑，黑为白。故狗似玃[①]，玃似母猴，母猴似人，人之与狗则远矣。此愚者之所以大过也。闻而[②]审，则为福矣，闻而不审，不若无闻矣。齐桓公闻管子于鲍叔，楚庄闻孙叔敖于沈尹筮，审之也，故国霸诸侯也。吴王闻越王勾践于太宰嚭，智伯闻赵襄子于张武，不审也，故国亡身死也。

【注释】

①玃(jué)：古书上说的一种大猴子，形似猕猴。 ②而：如果。

【译文】

听到传闻之后不可不加以审察。多次相传，白的就变成黑的，黑的成了白的。狗与玃相像，玃与母猴相像，母猴与人相像，但是人与狗就差得太远了。这是蠢人造成大过失的原因。如果听到传闻加以审察，就会带来幸运；听到传闻却不审察，倒不如没有听过。齐桓公从鲍叔处听到管仲的情况，楚庄王从沈尹筮处听到孙叔敖的情况，然后对这些话加以审察，所以能够称霸诸侯。吴王夫差从太宰嚭处听到越王勾践的情况，智伯从张武处听到赵襄子的情况，却不加以审察，所以国破身死。

【原文】

凡闻言必熟论，其于人必验之以理。鲁哀公问于孔子曰：“乐正[①]夔[②]一足，信乎？”孔子曰：“昔者舜欲以乐传教于天下，乃令重黎举夔于草莽之中而进之，舜以为乐正。夔于是正六律，和五声，以通八风，而天下大服。重黎又欲益求人，舜曰：‘夫乐，天地之精也，得失之节也，故唯圣人为能和。乐之本也。夔能和之以平天下，若夔者一而足矣。’故曰‘夔一足’，非‘一足’也。”宋之丁氏，家无井而出溉汲，常一人居外。及其家穿井，告人曰：“吾穿井得一人。”有闻而传之者曰：“丁氏穿井得一人。”国人道之，闻之于宋君。宋君令人问之于丁氏。丁氏对曰：“得一人之使，非得一人于井中也。”求能之若此，不若无闻也。子夏之晋，过卫，有读史记者曰：“晋师三豕涉河。”子夏曰：“非也，是己亥也。夫‘己’与‘三’相近，‘豕’与‘亥’相似。”至于晋而问之，则曰“晋师己亥涉河”也。

【注释】

①乐正：乐官。　②夔（kuí）：古代音乐家，生活在荒僻边缘的地方，具有非凡的音乐才能，后受到舜的赏识而被提拔为乐官，主理乐舞之事。

【译文】

举凡听到传闻必须深入考察，涉及人则必须用事理加以验证。鲁哀公问孔子道：“听说舜的乐官夔只有一只脚，这是真的吗？”孔子道：“从前，帝舜想通过礼乐使教化传布于天下，于是让重黎把夔从民间选拔上来，舜任命他为乐官。夔于是正定六律，和谐五声，以调和八风，从而让天下完全归服。重黎还想再找些像夔一样的人，舜道：‘礼乐为天地之精华，是得失的关键，所以只有圣人才能使其和谐，而和谐是礼乐的本源。夔能使礼乐和谐，并以此安定天下。像夔这样的人，只要有一个就够了。’所以‘夔一足’并不是说‘夔只有一只脚’啊！”宋国一个姓丁的人家，家中没有井，需要外出打水，因此经常有一个专人打水。后来他家挖了一口井，就对别人说：“我挖井省得一个人。”有人听到后便传言说：“丁氏挖井挖得一个人。”国人都在谈论此事，连宋国的国君也听说了，便派人去问丁氏。丁氏道：“我是说得到一个人使唤，并非从井里挖出一个人。”这样对待传闻，就不如没有听到。子夏到晋国去，路过卫国。听到有人读史书，道：“晋国军队三豕渡过黄河。”子夏道：“不对！‘三豕’应是‘己亥’。‘己’和‘三’形体相近，‘豕’和‘亥’写法类似。”到晋国一问，果然是说“晋国军队己亥这天渡过黄河”。

【原文】

辞多类非而是，多类是而非。是非之经[1]，不可不分。此圣人之所慎也。然则何以慎[2]？缘物之情及人之情以为所闻，则得之矣。

【注释】

①经：界线。 ②慎：慎重。

【译文】

言辞很多是似是而非的，很多是似非而是的。正确和错误的界限，不能不分清。这是连圣人都要慎重对待的。那么怎样慎重对待呢？就是要顺着自然和人事的情理来考察听到的传闻，这样就可以得到真实的情况了。

贵直论·知化

【原文】

夫以勇事人者，以死也。未死而言死，不论。以[1]虽知之，与勿知同。凡智之贵也，贵知化也。人主之惑者则不然。化[②]未至则不知；化已至，虽知之，与勿知一贯也。

事有可以过者，有不可以过者。而身死国亡，则胡可以过？此贤主之所重，惑主之所轻也。所轻，国恶得不危？身恶得不困？危困之道，身死国亡，在于不先知化也。吴王夫差是也。子胥非不先知化也，谏而不听，故吴为丘墟，祸及阖庐。

【注释】

①以：通“已”，死掉。　②化：变化。

【译文】

以勇力侍奉别人，其实就是以死来侍奉别人。勇士在未死之时谈论以死侍奉别人，不会被人了解，等到他真的死了，人们虽然了解了，但和不了解是一样的。举凡智慧的可贵，可贵在能体察事物的变化上。那些糊涂的君主却不是这样，变化未到来时茫然无知，变化出现了，虽然知道了却为时已晚，和不知道一样。

事情有些可以失误，有些不可以失误。对于身死国亡的大事，怎么可以失误呢！这件事是贤君所重视的，昏君所轻忽的。轻忽它，国家怎么可能不危险，自身怎么可能不困厄呢？造成危险困厄，导致身死国亡，就是因为不能事先察知事物的变化。吴王夫差就是这样。伍子胥并非事先没有察知事物的变化，但吴王夫差不听取伍子胥的劝谏，结果吴国成为废墟，并殃及先王阖庐。

【原文】

吴王夫差将伐齐，子胥曰：“不可。夫齐之与吴也，习俗不同，言语不通，我得其地不能处，得其民不得使。夫吴之与越也，接土邻境，壤交通[①]属，习俗同，言语通，我得其地能处之，得其民能使之，越于我亦然。夫吴、越之势不两立。越之于吴也，譬若心腹之疾也，虽无作，其伤深而在内也。夫齐之于吴也，疥癣之病也，不苦其已也，且其无伤也。今释越而伐齐，譬之犹惧虎而刺猏[2]，虽胜之，其后患无央。”太宰嚭曰：“不可。君王之令所以不行于上国者，齐、晋也。君王若伐齐而胜之，徙其兵以临晋，晋必听命矣。是君王一举而服两国也，君王之令必行于上国。”夫差以为然，不听子胥之言，而用太宰嚭之谋。子胥曰：“天将亡吴矣，则使君王战而胜；天将不亡吴矣，则使君王战而不胜。”夫差不听。子胥两祛高蹶而出于廷，曰：“嗟乎！吴朝必生荆棘矣！”夫差兴师伐齐，战于艾陵，大败齐师，反而诛子胥。子胥将死，曰：“与！吾安得一目以视越人之入吴也？”乃自杀。夫差乃取其身而流之江，抉其目，著之东门，曰：“女胡视越人之入我也？”居数年，越报吴，残其国，绝其世，灭其社稷，夷其宗庙。夫差身为擒。夫差将死，曰：“死者如有知也，吾何面以见子胥于地下？”乃为幎[3]以冒面而死。夫患未至，则不可告也；患既至，虽知之无及矣。故夫差之知惭于子胥也，不若勿知。

【注释】

①通：为“道”字之误。 ②猏（jiān）：三岁的野猪。 ③幎（mì）：同“幂”，覆盖物体的巾或幔。

【译文】

吴王夫差想要攻打齐国，伍子胥道：“不可以。齐国和吴国的习俗不同，言语不通，即使我们得到齐国的国土也不能居住，得到齐国的百姓也不能役使。而吴国与越国疆土相邻，田地交错，习俗也一样，言语也相通。我们得到吴国的国土可以居住，得到吴国的百姓可以役使。越国对于我们吴国也是这样。从情势上看，吴越两国不能并存。越国对吴国如同心腹之患，即使一时间还没有发作，但它可能造成的伤害非常深远且处于体内。相反，齐国对吴国只是癣疥之患，不愁治不好，即使治不好也没什么大的妨害。现在舍越国而攻打齐国，这就如同担心虎患却猎杀野猪一样，虽可以获胜，却后患无穷。”太宰嚭道：“不对。君王的命令之所以不能在中原上国推行，都是因为齐国和晋国。如果您进攻齐国而战胜它，然后再移兵晋国，那么晋国一定会俯首听命。这是一举降服两个国家啊！这样一来，您的命令必定可以在中原各国推行。”夫差认为太宰嚭说得很对，不听伍子胥的意见，采用了太宰嚭的计谋。伍子胥感叹道：“如果上天想要灭亡吴国，就让您打胜仗；如果上天不想灭亡吴国，就让您打不了胜仗。”夫差不听他的。于是伍子胥提起衣服，迈着大步从朝廷中走了出去，边走边说：“唉！吴国的朝廷一定要遇到灾祸了！”于是夫差兴兵伐齐，在艾陵与齐军交战，将齐军打得大败，夫差回来后就打算杀了伍子胥。伍子胥道：“我如何才能留下一只眼睛看到越军入吴呢？”于是自杀了。夫差把他的尸体投到江中，把他的眼睛挖出来，悬挂在都城的东门，说：“你怎么可能看到越军侵入我们吴国呢？”几年之后，越人向吴国报仇，攻破吴国国都，灭绝吴国世系，毁灭吴国社稷，夷平吴国宗庙，夫差本人也被活捉了。临死之前，夫差道：“死去的人如果泉下有知的话，我在地下有何面目去见伍子胥呢？”于是用丝巾盖着脸自杀了。对于糊涂的君主，祸患未到时无法使他明白，祸患到来后虽然明白过来也已经来不及了。所以夫差死到临头才知道愧对伍子胥，其实还不如不知道呢。

贵直论·壅塞

【原文】

亡国之主不可以直言。不可以直言，则过无道闻，而善无自至矣。无自至则壅①。

秦缪公时，戎强大。秦缪公遗之女乐②二八③与良宰焉。戎王大喜，以其故数饮食，日夜不休。左右有言秦寇之至者，因扜弓而射之。秦寇果至，戎王醉而卧于樽下，卒生缚而擒之。未擒则不可知，已擒则又不知。虽善说者，犹若此何哉？

【注释】

①壅：闭塞。 ②女乐：女子歌舞队。 ③二八：即二佾（yì），二列，一列八人，计十六人。

【译文】

亡国之君不能够接受直言相谏。君主不可以接受直言相谏，过失就在于无法听到真相，贤达之人就不会到来。贤人不会到来，君主的思想就会变得壅塞不通。

秦穆公之时，戎人的势力非常强大。秦穆公就送给他们由十六人组成的女子歌舞队以及非常高明的厨师。戎王非常高兴，不停地大吃大喝，无论白天还是黑夜都不停止。身边的人只要说秦军可能会来，戎王就拿弓射他。秦军果然来了，戎王正喝得大醉躺在酒樽之下睡觉，结果被秦军活捉了。被捉之前不可能让戎王知道他会被捉，被捉之后他还是不知道自己已经被捉。即便是善于劝谏之人，对这种人又有什么办法呢？

【原文】

齐攻宋，宋王使人候齐寇之所至。使者还，曰：“齐寇近矣，国人恐矣。”左右皆谓宋王曰：“此所谓‘肉自生虫’者也。以宋之强，齐兵之弱，恶能如此？”宋王因怒而诎[1]杀之。又使人往视齐寇，使者报如前，宋王又怒诎杀之。如此者三，其后又使人往视。齐寇近矣，国人恐矣。使者遇其兄，曰：“国危甚矣，若将安适？”其弟曰：“为王视齐寇。不意其近而国人恐如此也。今又私患，乡之先视齐寇者，皆以寇之近也报而死；今也报其情，死，不报其情，又恐死。将若何？”其兄曰：“如报其情，有且先夫死者死，先夫亡者亡。”于是报于王曰：“殊不知齐寇之所在，国人甚安。”王大喜。左右皆曰：“乡之死者宜矣。”王多赐之金。寇至，王自投车上，驰而走，此人得以富于他国。夫登山而视牛若羊，视羊若豚。牛之性不若羊，羊之性[2]不若豚，所自视之势过也。而因怒于牛羊之小也，此狂夫之大者。狂而以行赏罚，此戴氏[3]之所以绝也。

【注释】

①诎：通“屈”。 ②性：本质，实质。 ③戴氏：指宋国，宁波本为子姓国，后政权为国内贵族戴氏所压，故称宋国为戴氏。

【译文】

齐国攻打宋国，宋王派人侦察齐军所到之处。派去的人回来了，说道：“齐军已经很近了，国人已经开始恐慌了。”近臣都对宋国国君说：“这完全是所说的‘肉自己生蛆虫’啊！以宋国的强大，齐兵的虚弱，怎么可能这样？”宋王于是在盛怒之下将派出的人屈杀了。然后宋王又派人前去察看，此人的回报仍同前面的人一样，宋王又大怒把他屈杀了。这样的事接连发生了多次，之后又派人前去察看。实际上，那时齐军确实已经非常临近了，国人确实已经恐慌了。这名被派去的人遇见了他的兄长，兄长问他：“国家已经十分危险了，你还要到哪儿去？”弟弟说：“去替国君察看齐军，没想到他们已经离得这么近，国人已经这么恐慌了。如今我私下担心，先前察看齐军情况的人，都因为回报齐军迫近而被杀了。如今我回报实情是死，不回报实情恐怕也是死。我该怎么办呢？”他的哥哥说：“如果你回报实情，将比国破后被杀和逃亡的人先死！”于是，派出的人回报宋王道：“根本没看到齐军的影子，国人也都非常安定。”宋王听到十分高兴。近臣们都说：“可见先前被杀的人是应该杀的。”于是宋王重重赏赐了这个人。等齐军一到，宋王自己便飞奔到车上，急急忙忙逃命去了。这个人后来迁居他国，生活得非常富足。在高山顶上往下看，会觉得牛像羊一样，羊像小猪一样。其实牛并不像羊那样小，羊也不像小猪那样小，之所以觉得像是因为观察它们时站的地势不对。如果因此对牛羊看上去这样小而发怒，这种人可以算是头等的狂乱之人。在狂乱的状态下施行赏罚，这是宋国灭绝的根源啊。

【原文】

齐王欲以淳于髡傅[①]太子，髡辞曰："臣不肖，不足以当此大任也，王不若择国之长者而使之。"齐王曰："子无辞也。寡人岂责子之令太子必如寡人也哉？寡人固生而有之也。子为寡人令太子如尧乎？其如舜也？"凡说之行也，道不智听智，从自非[②]受是也。今自以贤过于尧舜，彼且胡可以开说哉？说必不入，不闻存君。

【注释】

①傅：用作动词，做老师。 ②自非：自以为非。

【译文】

齐王想让淳于髡做太子的老师，淳于髡推辞道："我的才德低下，不足以担此大任，您不如挑选国中德高望重的人予以委派。"齐王道："你就不要推辞了。我怎么会要求你将太子教导得像我一样贤德呢！我的贤德本来是天生的。你只要帮我把太子教得像尧帝那样，或者像舜帝那样就行了。"凡是臣下的主张得以推行，都是君主可以从自以为愚的认识出发，去听从别人的高见；可以从自以为非的认识出发，去接受别人的正确意见。如今齐王自以为贤明超过了尧舜，怎么还能让人对他劝谏呢？不能听进臣下的劝谏，没听说过这样的君主还能存在的。

【原文】

齐宣王好射，说人之谓己能用强弓也。其尝所用不过三石[①]，以示左右，左右皆试引之，中关[②]而止。皆曰："此不下九石，非王其孰能用是？"宣王之情，所用不过三石，而终身自以为用九石，岂不悲哉！非直士其孰能不阿主？世之直士，其寡不胜众，数也。故乱国之主，患存乎用三石为九石也。

【注释】

①石：古代重量单位，一百二十斤为一石。 ②关：把弓拉满。

【译文】

齐宣王喜欢射箭，别人说自己能用硬弓便高兴。他平时用的弓力量不过三石，拿给左右侍从，侍从们试着拉它，都只拉一半就停了下来，说道："这张弓的力量不低于九石，除了大王您，谁还能使用这样的弓！"按宣王的实际情况，所用之弓不过三石，但一辈子都觉得自己用的弓是九石，这岂不是很可悲吗！除了正直之士还有谁不奉迎君主？世上的正直之士，寡不敌众，这是老天注定的啊。所以祸国之君，其弊病就在于用的弓实有三石而自以为用九石啊！

不苟论·自知

【原文】

欲知平直，则必准绳；欲知方圆，则必规矩；人主欲自知，则必直士。故天子立辅弼[①]，设师保，所以举过也。夫人故不能自知，人主犹其。存亡安危，勿求于外，务在自知。尧有欲谏之鼓，舜有诽谤之木，汤有司过之士，武王有戒慎之鼗[②]，犹恐不能自知。今贤非尧、舜、汤、武也，而有掩蔽之道，奚繇自知哉？荆成、齐庄不自知而杀，吴王、智伯不自知而亡，宋、中山不自知而灭，晋惠公、赵括不自知而虏，钻荼、庞涓、太子申不自知而死，败莫大于不自知。

【注释】

①辅弼：辅政大臣。 ②鼗（táo）：鼓，长柄，鼓身两旁缀灵活小耳，执柄摇动时，两耳双面击鼓作响，俗称"拨浪鼓"。

【译文】

想要知道平直，必须依靠水准墨线；想要知道方圆，必须依靠圆规矩尺。同样，君主想要了解自己的过失，必须依靠正直之士。所以天子设立辅政大臣，设置帝师之职，就是用来举发天子的过错的。人原本就不易了解自己的过失，这种情况天子尤为严重。国存身安的窍门不用到外部去寻求，关键在于是了解自己的过失。尧有为进谏之人准备的鼓，舜有专门为书写批评意见准备的木柱，汤有主管纠正君主过失的官吏，武王有供告诫君主的人所用的摇鼓。即便如此，他们仍然担心不能了解自己的过失。然而现在的君主，贤能比不上尧舜汤武，却采取掩蔽视听的做法，这还将如何了解自己的过失呢？楚成王和齐庄公因为不了解自己的过失而被杀，吴王和智伯因为不了解自己的过失而灭亡，宋和中山两国因为不了解自己的过失而灭国，晋惠公和赵括因为不了解自己的过失而被俘，钻荼、庞涓和太子申因为不了解自己的过失而致兵败身死。所以，没有比不了解自己的过失更可怕的事了。

【原文】

范氏[①]之亡也，百姓有得钟者。欲负而走，则钟大不可负。以椎[②]毁之，钟况然有音。恐人闻之而夺己也，遽掩其耳。恶人闻之可也，恶己自闻之，悖矣。为人主而恶闻其过，非犹此也？恶人闻其过尚犹可。

【注释】

①范氏：指范昭子。祁姓，范氏，名吉射（yì），谥昭。因范氏出自士氏，故又称士吉射。春秋后期晋国六卿——范氏最后一代宗主，范鞅之子。　②椎（chuí）：木槌。

【译文】

范氏出逃之时，有个人得到一口钟。这人想背着钟快点跑，但是钟太大了，他背不动，于是想把钟打碎再弄走。拿木槌一敲，钟便轰然作响。他害怕别人听见钟声来同自己争夺，便急忙把自己的耳朵捂了起来。不希望别人听到钟声是可以的，不让自己听到就是糊涂了。做君主却不愿听到自己的过失，和这种情况不正是一样的吗？一个人，不愿别人听到自己的过失倒还可以说得过去。

【原文】

魏文侯燕[①]饮，皆令诸大夫论己。或言君之智也。至于任座，任座曰："君不肖君也。得中山不以封君之弟，而以封君之子，是以知君之不肖也。"文侯不说，知[②]于颜色。任座趋而出。次及翟黄，翟黄曰："君贤君也。臣闻其主贤者，其臣之言直。今者任座之言直，是以知君之贤也。"文侯喜曰："可反欤？"翟黄对曰："奚为不可？臣闻忠臣毕其忠，而不敢远其死。座殆尚在于门。"翟黄往视之，任座在于门，以君令召之。任座入，文侯下阶而迎之，终座以为上客。文侯微翟黄，则几失忠臣矣。上顺乎主心以显贤者，其唯翟黄乎？

【注释】

①燕：通"宴"。 ②知：表现，显露。

【译文】

魏文侯专门设置宴饮，让各位大夫来评论自己。大家都在说君主的仁义与英明。轮到任座了，任座说道："您是个不肖之君啊。您得到中山国，不把它封给弟弟，却把它封给儿子，由此可知您的不肖。"文侯听了非常不高兴，脸上立即显露了出来。任座快步走了出去。接下来轮到翟黄，翟黄说道："您是个贤明的君主。我听说君主贤明的，臣子的言语就直率，现在任座的言语直率，因此我知道您非常贤明。"文侯听了很高兴，说："还能让他返回来吗？"翟黄回答说："为什么不能？我听说忠臣竭尽自己的忠心，即使因此获得死罪也不敢躲避，任座恐怕还站在门口。”翟黄出去一看，任座果真还站在门口。翟黄就以君主的命令叫他进去。任座回来了，文侯走下台阶迎接他，此后终生都把他视为上宾。文侯如果没有翟黄，就差点失掉了忠臣。对上能够顺应君主的心意来尊显贤者，大概说的正是翟黄吧！

不苟论·博志

【原文】

先王有大务[①]，去其害之者，故所欲以必得，所恶以必除，此功名之所以立也。俗主则不然，有大务而不能去其害之者，此所以无能成也。夫去害务与不能去害务，此贤不肖之所以分也。

使獐疾走，马弗及至，已而得者，其时顾也。骥一日千里，车轻也；以重载则不能数里，任重也。贤者之举事也，不闻无功，然而名不大立、利不及世者，愚不肖为之任[②]也。

【注释】

①务：事情。 ②为之任：成为他的负担。

【译文】

先王一旦有了大事，就会想办法消除妨害它的因素，所以他想得到的就一定能得到，他所憎恶的就一定能除掉，这就是他建功立名的原因。平庸的君主却并非如此，有了大事却无法消除妨害它的因素，这正是他无法成功的原因。能否消除妨害事务的因素，这是贤与不肖之所以不同的根据。

假如獐飞快奔逃，马是追不上的，但是很快就会被捕获，是因为它逃跑时会不停地回头张望。良驹日行千里，是因为车子轻；拉着重物一天走不了几里，是因为负担过重。贤明之人做事，绝非没有成效，但名声不能显赫、福泽不能传至后世，是因为有愚昧不肖的人成了他的拖累啊。

【原文】

冬与夏不能两刑[1]，草与稼不能两成，新谷熟而陈谷亏，凡有角者无上齿，果实繁者木必庳[2]，用智褊[3]者无遂功，天之数也。故天子不处全，不处极，不处盈。全则必缺，极则必反，盈则必亏。先王知物之不可两大，故择务，当而处之。

【注释】

①刑：通“形”，形成。 ②庳（bì）：低矮。 ③褊（biǎn）：狭窄。

【译文】

冬夏两季不能同时到来，野草和庄稼无法一起长大，新粮成熟而陈粮必定会亏缺，凡是有角的动物就没有上齿，果实繁多的树木必定低矮，思想偏狭之人做事不会成功，这些全部都是自然的规律。所以天子做事，不必做得很完美，不必做得很极端，不必做得很圆满。太完美了就会转向缺损，太极端了就会转向反面，太圆满了就会转向亏失。先王知道事物不能两方面同时壮大，所以对于事物要加以选择，适合的才去做。

【原文】

孔、墨、宁越[1]，皆布衣之士也，虑于天下，以为无若先王之术者，故日夜学之。有便于学者，无不为也；有不便于学者，无肯为也。盖闻孔丘、墨翟，昼日讽诵习业，夜亲见文王、周公旦而问焉。用志如此其精也，何事而不达？何为而不成？故曰：“精而熟之，鬼将告之。”非鬼告之也，精而熟之也。今有宝剑良马于此，玩之不厌，视之无倦；宝行良道，一而弗复。欲身之安也，名之章[2]也，不亦难乎！

【注释】

①宁越：战国周臣。战国时赵人，曾为周威王师。 ②章：显扬。

【译文】

孔丘、墨翟和宁越，都是没有官位的读书人。他们就天下所有事务考虑，认为没有比先王道术更重要的，所以日夜学习。有利于学习的，无不去做；不利于学习的，不肯去做。据说，孔丘、墨翟白天背诵经典研习学业，夜里就亲眼见到了文王和周公，并向他们请教。他们的用心是如此精深，还有什么做不到的呢？还有什么办不成的呢？所以说："精心习熟，鬼神将会告知你。"并不是真的有鬼神相告，而是因为精心习熟啊！假如有宝剑良马，一定会把玩起来不知道满足，观赏起来不觉得疲倦，而对于嘉言懿行，却稍加尝试就不再钻研施行。这样做，还想着让自己平安且声名远扬，不是太困难了吗？

【原文】

宁越，中牟①之鄙人也。苦耕稼之劳，谓其友曰："何为而可以免此苦也？"其友曰："莫如学。学三十岁则可以达矣。"宁越曰："请以十五岁。人将休，吾将不敢休；人将卧，吾将不敢卧。"十五岁而周威公师之。矢之速也，而不过二里，止也；步之迟也，而百舍②，不止也。今以宁越之材而久不止，其为诸侯师，岂不宜哉？

【注释】

①中牟：战国赵地，在今天的河南汤阴西。 ②舍：古代长度单位，三十里为一舍。

【译文】

宁越，是中牟的乡野村夫，因感到耕作的辛劳，便对他的友人说："怎样才能免除这种痛苦呢？"友人道："什么也比不上学习，学习三十年就可以显达了。"宁越说："让我用十五年来实现。别人休息，我不敢休息；别人睡觉，我不敢睡觉。"学了十五年，周威公拜他做了老师。箭的速度很快，射程却不超过两里地，因为它飞一段之后就停下来了。步行速度很慢，却可以走到几百里之外，因为脚步不停止。如果凭宁越的才干，又长久不停地努力，他成为诸侯的老师，难道不是很正常吗?

【原文】

养由基、尹儒，皆文艺①之人也。荆廷尝有神白猿，荆之善射者莫之能中，荆王请养由基射之。养由基矫②弓操矢而往，未之射而括中之矣，发之则猿应矢而下，则养由基有先中中之者矣。尹儒学御，三年而不得焉，苦痛之，夜梦受秋驾于其师。明日往朝其师。望而谓之曰："吾非爱道也，恐子之未可与也。今日将教子以秋驾。"尹儒反走，北面再拜曰："今昔臣梦受之。"先为其师言所梦，所梦固秋驾已。上二士者，可谓能学矣，可谓无害之矣，此其所以观后世已。

【注释】

①文艺：高超的技艺。　②矫：举起。

【译文】

养由基、尹儒，都是具有高超技艺的人。楚国朝中曾有一只白色神猿，楚国善射之人没有一个能射中它的，楚王就让养由基来射它。养由基拿着弓箭去了。还没开弓，其实就已经把白猿射中了，箭一射出，白猿便应声而落。由此可见，养由基具备在射中目标之前就能从精神上把它射中的技能。尹儒学习驾车，学了三年仍然没有什么进展，为此感到很苦恼。夜里做梦，梦到从老师那里学习秋驾之技。第二天他去拜见老师。老师对他说："我从前并不是吝惜技艺舍不得教你，是怕你还不可以受教啊。今天我将教给你秋驾的方法。"尹儒转身后退几步，向北再拜道："这种技艺我昨夜已经在梦中学会了。"他先向老师讲述自己梦到的，而他梦到的正是秋驾的技艺。上述这两位士人，可算是很会学习了，可以说没有什么东西能妨碍他们了，这正是他们扬名后世的原因啊!

似顺论·似顺

【原文】

事多似倒[①]而顺，多似顺而倒。有知顺之为倒、倒之为顺者，则可与言化矣。至长反短，至短反长，天之道也。

荆庄王欲伐陈，使人视之。使者曰："陈不可伐也。"庄王曰："何故？"对曰："城郭高，沟洫[②]深，蓄积多也。"宁国曰："陈可伐也。夫陈，小国也，而蓄积多，赋敛重也，则民怨上矣。城郭高，沟洫深，则民力罢矣。兴兵伐之，陈可取也。"庄王听之，遂取陈焉。

【注释】

①倒：违背事理。 ②洫（xù）：沟渠。

【译文】

很多事情看似悖理，实际是合乎情理的；很多事情看似合乎情理，其实是悖理的。如果有知道看似合理其实悖理、看似悖理其实合理这个道理的人，就可以和他谈论变化了。白天到了最长之后就开始反过来变短，到了最短之后又要反过来开始变长，这是大自然的变化规律。

楚庄王计划攻打陈国，派人去陈国查看情况。被派去的人回来说："陈国不可攻打。"庄王问："这是为什么？"回答说："陈国的城墙很高，护城河很深，积蓄的粮食财物也非常多。"宁国说："照这样看来，陈国其实是可以攻打的。陈国原本是个小国，积蓄的粮食财物却很多，说明其赋税繁重，于是百姓就会怨恨君主。城墙高，护城河深，那么民力就会凋敝。如果起兵攻打，陈国是可以攻下来的。"庄王听取了宁国的意见，于是攻下了陈国。

【原文】

田成子[①]之所以得有国至今者，有兄曰完子，仁且有勇。

越人兴师诛田成子，曰："奚故杀君而取国？"田成子患之。完子请率士大夫以逆越师，请必战，战请必败，败请必死。田成子曰："夫必与越战可也，战必败，败必死，寡人疑焉。"完子曰："君之有国也，百姓怨上，贤良又有死之臣蒙耻。以完观之也，国已惧矣。今越人起师，臣与之战，战而败，贤良尽死，不死者不敢入于国。君与诸孤[②]处于国，以臣观之，国必安矣。"完子行，田成子泣而遣之。夫死败，人之所恶也，而反以为安，岂一道哉？故人主之听者与士之学者，不可不博。

【注释】

①田成子：即陈成子，春秋时齐国的大臣。齐简公四年（前481），杀死简公，拥立齐平公，任相国，尽杀公族中的强者，扩大封邑，从此齐国由陈氏专权。 ②孤：遗孤，指战死者的后代。

【译文】

田成子所以能够得到齐国直到今天，因为他有个叫完子的哥哥，仁爱且勇猛。越国起兵征伐田成子，说："你为何杀死自己的国君而夺取他的国家？"田成子对此非常忧虑。完子请求率领士大夫们迎击越军，并请求准许自己必定同越军交战，交战必定要战败，而且战败还必定要战死。田成子道："必定同越国交战是可以的，但交战必定要战败，战败还要必定战死，这我就有点不明白了。"完子说道："您占据齐国，百姓怨恨，贤良中又有敢死之臣认为自己蒙受了耻辱。以我看来，国家现在已经非常令人忧惧了。现在越国起兵，我去和他们交战，一旦交战失败，随我去的那些贤良之人就会全部死掉，即使不死也不敢回到齐国了。你与他们的遗孤居于齐国，以我看来，国家必定会安定下来。"完子出发时，田成子哭着为他送别。死亡和失败，是人们都厌恶的，而完子却以此而使齐国安定。做事情岂止有一种方法呢？所以采纳意见的君主和饱学之士，不可不广博。

【原文】

尹铎[①]为晋阳，下，有请于赵简子。简子曰："往而夷夫垒。我将往，往而见垒，是见中行寅与范吉射也。"铎往而增之。简子上之晋阳，望见垒而怒曰："嘻！铎也欺我！"于是乃舍于郊，将使人诛铎也。孙明进谏曰："以臣私之，铎可赏也。铎之言固曰：见乐则淫侈，见忧则诤治，此人之道也。今君见垒念忧患，而况群臣与民乎？夫便国而利于主，虽兼于罪，铎为之。夫顺令以取容者，众能之，而况铎欤？君其图之！"简子曰："微子之言，寡人几过。"于是乃以免难之赏赏尹铎。人主太上喜怒必循理，其次不循理，必数更，虽未至大贤，犹足以盖浊世矣。简子当此。世主之患，耻不知而矜自用，好愎过[②]而恶听谏，以至于危。耻无大乎危者。

【注释】

①尹铎：少昊的后裔，晋卿赵鞅的家臣。 ②愎过：坚持错误。

【译文】

尹铎治理晋阳，来到新绛，向赵简子请示事情。简子说道："你去把那些营垒拆平。我即将去晋阳，如果去了看见营垒，就如同看见了中行寅和范吉射。"尹铎回去之后，反而把营垒增高了。简子来到晋阳，望见营垒，非常生气，说："好啊！他尹铎欺骗了我！"于是住在郊外，要派人去把尹铎杀掉。孙明进谏道："据我私下考虑，尹铎不应该罚，反倒当奖。尹铎修营垒的寓意是：遇见高兴之事就会恣意放纵，遇见忧虑之事就会励精图治，此乃人之常理。现在您见到营垒就感到忧患，又何况是群臣和百姓呢！有利于国家君王之事，即便加倍获罪尹铎也愿意去做。顺从命令以取悦于君王，一般人都能做到，又何况是尹铎呢！希望您好好想一想。"简子道："如果没有你的这番话，我差一点犯了错误。"于是以让君主免于患难的赏赐奖赏了尹铎。德行最高的君主，喜怒一定依理而行；差一点的，虽有时不依理而行，但一定能够改正。这样虽还没达到大贤的境界，仍然超过乱世之君，赵简子属于这种人。当今君主的祸患，在于把不知当成羞耻，把自行其是当作光荣，喜欢坚持错误而厌恶听取劝谏，结果陷入危险境地。耻辱之中，没有比使自己陷入危险再大的了。

似顺论·别类

【原文】

知不知，上①矣。过者之患，不知而自以为知。物多类然而不然，故亡国僇民无已。夫草有莘有藟②，独食之则杀人，合而食之则益寿。万堇③不杀。漆淖水淖，合两淖则为蹇，湿之则为干。金柔锡柔，合两柔则为刚，燔之则为淖。或湿而干，或燔而淖，类固不必，可推知也？小方，大方之类也；小马，大马之类也；小智，非大智之类也。

【注释】

①上：高明。 ②藟（lěi）：一种有毒的药草。 ③万堇（jǐn）：蝎子和紫堇。两者都是有毒药之物。万，通“虿（chài）”。

【译文】

认识到自己有所不知，就是高明。犯过错之人的弊病，就在于不知却自以为知道。许多事情都是好似这样但实际并非如此，所以国家灭亡、百姓被杀戮之事就会不断发生。莘和藟是两种药草，单独服用它们会致命，但合在一起服用则会延年益寿。蝎子和紫堇原本是两种毒药，配在一起反倒毒不死人；漆是流体，水也是流体，但漆与水相遇则会凝固，本想使它潮湿反倒让它干得更快。铜和锡都很柔软，将其熔合在一起却会变硬，用火焚烧就会变为流体。某物想让其湿反倒变干，某物焚烧它反倒变为流体，所以说事物本来就并非固定不变的，怎能推知呢？小方形和大方形是同类，小马和大马是同类，但小聪明和大智慧是不同的。

【原文】

鲁人有公孙绰者，告人曰："我能起[1]死人。"人问其故，对曰："我固能治偏枯，今吾倍所以为[2]偏枯之药，则可以起死人矣。"物固有可以为小，不可以为大，可以为半，不可以为全者也。

【注释】

①起：治愈，救活。　②为：治疗。

【译文】

鲁国有个名叫公孙绰的，对别人说："我能使人起死回生。"别人问他原因，他答道："我原本就能治疗偏瘫，如今我把治偏瘫的药的剂量加倍，就可以使死人复活了。"有的事物本来就只能在小处起作用而不能在大处起作用，只能对局部起作用而不能对全局起作用。

【原文】

相剑者曰："白[1]所以为坚也，黄[2]所以为牣[3]也，黄白杂则坚且牣，良剑也。"难者曰："白所以为不牣也，黄所以为不坚也，黄白杂则不坚且不牣也。又柔则锩，坚则折。剑折且锩，焉得为利剑？"剑之情未革，而或以为良，或以为恶，说使之也。故有以聪明听说，则妄说者止；无以聪明听说，则尧、桀无别矣。此忠臣之所患也，贤者之所以废也。

义，小为之则小有福，大为之则大有福。于祸则不然，小有之不若其亡也。射招者欲其中小也，射兽者欲其中大也。物固不必，安可推也？

【注释】

①白：锡所表现出来的颜色。　②黄：铜所表现出来的颜色。③牣：通"韧"。

【译文】

有相剑之人说："剑是白色的则表示坚硬，黄色表示柔韧，黄白相杂，就表示既坚硬又柔韧，就是好剑。"反驳他的人说："剑为白色表示不柔韧，为黄色表示不坚硬，黄白相杂，就表示既不坚硬也不柔韧。另外，柔韧就会卷刃，坚硬就会折断，一把既易折断又卷刃的剑，怎么能算得上是利剑呢？"剑的本质没有变化，但有人认为好，有人认为不好，这是人为的议论导致的。所以如果凭借耳聪目明来听取议论，那么胡言乱语之人就会住口；不能凭借耳聪目明听取议论，就连尧和桀是谁也分不清了。这正是忠臣所担忧的，也是贤人被废弃的原因。

合道义之事，少做就得小福，多做就得大福。灾祸却不是这样，有小的灾祸也不如没有好啊！射箭靶的人希望射中的靶子越小越好，射野兽的人却希望射中的野兽越大越妙。事情原本就不是固定不变的，怎么能推知呢？

【原文】

高阳应将为室家，匠对曰："未可也。木尚生，加涂其上，必将挠。以生为室，今虽善，后将必败。"高阳应曰："缘子之言，则室不败也。木枯则益劲，涂干则益轻，以益劲任①益轻，则不败。"匠人无辞而对，受令而为之。室之始成也善，其后果败。高阳应好小察，而不通乎大理也。

骥、骜、绿耳②背日而西走，至乎夕则日在其前矣。目固有不见也，智固有不知也，数固有不及也。不知其说所以然而然，圣人因而兴制，不事心焉。

【注释】

①任：承担，承受。 ②骥、骜、绿耳：皆为千里马。

【译文】

高阳应计划建造房屋，木匠说："现在还不能建。木料还很湿，上面加上泥，必定会被压弯。用湿木料来盖房子，暂时虽然好，但之后一定会倒塌。”高阳应道：“依你所说，房子恰恰不会倒塌。木料越干就越结实，泥越干就越轻，用越来越结实的东西承担越来越轻的东西，必定不会倒塌。”木匠无言以对，只好奉命行事。房子刚刚建成时看上去很好，但后来果然倒塌了。高阳应是喜欢在小处明察，却不懂得大道理啊！

骥、骜和绿耳等良马背朝太阳向西奔跑，到傍晚太阳仍在它们的前面。眼睛原本就有看不到的东西，智慧原本就有不明白的事理，道术原来就有解释不清之处。我们不知道一些事物的所以然，但它们其实就是这样。圣人顺应自然来创制制度，不在一时不懂的地方主观臆断。

似顺论·慎小【原文】

上①尊下②卑。卑则不得以小观上。尊则恣，恣则轻小物，轻小物则上无道知下，下无道知上。上下不相知，则上非下，下怨上矣。人臣之情，不能为所怨；人主之情，不能爱所非。此上下大相失道也。故贤主谨小物以论好恶。

【注释】

①上：在上者，指君主。 ②下：在下者，指臣子。

【译文】

君主地位尊贵，臣子地位低下。地位低下就不能通过小事来了解君主。地位尊贵就会骄恣，骄恣就会忽略小事，忽视小事，君主就没有途径了解臣子，臣子也没有途径了解君主。上下互相不了解，君主就会责怪臣子，臣子就会怨恨君主。以臣子的常情来看，不会对自己所怨恨的君主尽忠竭力；就君主的常情来看，也不会喜爱自己所责怪的臣子。这就是造成上下隔膜的原因。所以贤君当慎重对待小事，以表明自己的爱憎。

【原文】

巨防[①]容蝼[②]，而漂邑杀人；突泄一熛，而焚宫烧积；将失一令，而军破身死；主过一言，而国残名辱，为后世笑。

卫献公戒孙林父、宁殖食。鸿集于囿，虞人以告，公如囿射鸿。二子待君，日晏，公不来至。来，不释皮冠而见二子。二子不说，逐献公，立公子黚。

【注释】

①巨防：巨堤，大堤。 ②蝼：蝼蛄，这里引申为蝼蛄穴。

【译文】

大堤中潜藏着一个蝼蛄穴，就会引发水灾，造成城毁民亡。烟囱里漏出一个小火星，就会引起大火，焚毁宫室，烧掉积聚。将军下错一道命令，就会造成兵败身死。君主说错一句话，就会招致国破名辱，为后世讥笑。

卫献公与孙林父、宁殖一起吃饭。正好有雁群落在苑囿，管理苑囿的官吏把这个情况报告给献公，献公于是去苑囿射雁。孙林父、宁殖两个人等待国君，天色已经很晚了，献公还不回来。回来之后，又连皮冠也不摘就与二人见礼。孙林父和宁殖非常不高兴，便驱逐了献公，立公子黚为君。

【原文】

卫庄公[①]立，欲逐石圃[②]。登台以望，见戎州，而问之曰："是何为者也？"侍者曰："戎州也。"庄公曰："我姬姓也，戎人安敢居国？"使夺之宅，残其州。晋人适攻卫，戎州人因与石圃杀庄公，立公子起。此小物不审也。人之情，不蹶于山而蹶于垤。

【注释】

①卫庄公：指卫前庄公，姬姓，卫氏，名扬。卫国第十二代国君，公元前 757 年至公元前 735 年在位。他是卫武公之子，卫桓公、

卫前废公、卫宣公之父。 ②石圃：中国春秋时期卫国政治人物，石氏。公元前545年，卫国讨伐宁氏的亲族，所以石恶逃亡到晋国。卫国立了石恶的侄儿石圃，以保存石氏的祭祀。公元前478年，晋国赵鞅率兵驱逐卫庄公蒯聩，立公孙般师。晋军撤退，卫庄公回国，驱使百姓没有节制，还想驱逐石圃。于是，石圃带领工匠讨伐卫庄公，卫庄公关上门恳求饶命，石圃不答应。卫庄公带着太子疾、公子青跳北墙出逃，摔断了腿。太子疾、公子青被戎州人所杀，卫庄公投奔戎州己氏，也被杀死。齐国立公子起为卫侯。③蹶（jué）：跌倒。 ④垤（dié）：蚂蚁做窝时堆在洞口的土，这里引申为小土堆。

【译文】

卫庄公当上国君之后，打算驱逐石圃。有一次，他登上高台远望，看到戎州，就问："那是做什么的？"侍从回答说："那是戎州。"庄公又说："我与周天子同为姬姓，戎人怎么敢住在我的国家？"于是便派人抢夺戎人的住宅，损毁他们的州邑。这时，恰好晋国来攻打卫国，戎州人便乘机与石圃一起攻杀庄公，立公子起为君。这是对小事不审查造成的。人都是这样，谁也不会被高山绊倒，却往往会被小小的土堆绊倒。

【原文】

齐桓公即位，三年三言，而天下称贤，群臣皆说：去肉食之兽，去食粟之鸟，去丝罝[①]之网。

吴起治西河，欲谕其信于民，夜日[②]置表于南门之外，令于邑中曰："明日有人偾南门之外表者，仕长大夫。"明日日晏矣，莫有偾表者。民相谓曰："此必不信。"有一人曰："试往偾表，不得赏而已，何伤？"往偾表，来谒吴起。吴起自见而出，仕之长大夫[③]。夜日又复立表，又令于邑中如前。邑人守门争表，表加植，不得所赏。自是之后，民信吴起之赏罚。

赏罚信乎民，何事而不成，岂独兵乎？

【注释】

①罝（jū）：捕捉兔子的网，也泛指捕鸟兽的网。 ②夜日：前一天。 ③长（zhǎng）大夫：上大夫，古官名。

【译文】

齐桓公做国君，三年只说了三句话，于是天下称颂他的贤德，群臣都很高兴。这三句话分别是：去掉苑囿中吃肉的野兽，去掉宫廷中吃粮食的鸟雀，去掉用丝编织的兽网。

吴起治理西河地区，要向百姓表明信用，前一天便派人在南门外树起一根木柱，对全城的百姓说："明天如果有人能把南门外的木柱扳倒，我就让他做长大夫。"第二天直到天黑，也没有人去扳木柱。人们议论纷纷："这话一定不是真的。"有个人说："我去把木柱扳倒试试看，最多就是得不到赏赐，能有什么妨害？"于是这个人扳倒了木柱，回来禀告吴起。吴起亲自接见了他，把他送出来，任命他为长大夫。而后又立起木柱，像前一次一样在前一日对全城百姓下了命令。结果全城人都围在南门争相去扳木柱，但是木柱埋得很深，结果谁也没有得到赏赐。从此，百姓便相信了吴起的赏罚。只要以赏罚取信于百姓，做什么做不成呢？岂止是用兵呢！

士容论·上农

【原文】

古先圣王之所以导其民者，先务于农。民农非徒为地利也，贵其志也。民农则朴，朴则易用，易用则边境安，主位尊。民农则重，重则少私义①，少私义则公法立，力专一。民农则其产复，其产复则重徙，重徙则死其处而无二虑。民舍本而事末则不令，不令则不可以守，不可以战。民舍本而事末则其产约，其产约则轻迁徙，轻迁徙则国家有患皆有远志，无有居心。民舍本而事末则好智，好智则多诈，多诈则巧法令[2]，以是为非，以非为是。

【注释】

①义：通“议”。 ②巧法令：在法令上耍机巧。

【译文】

古代圣王引导其百姓的方法，首先是致力于农业。让百姓从事农业，并不仅仅是为了让土地生产带来食物，而且是为了陶冶他们的心志。百姓从事农业就会变得淳朴，变得淳朴就很容易役使，容易役使那么边境就会安定，君主的地位就会尊崇。百姓从事农业就会变得稳重，百姓稳重就很少私下发表议论，很少私下发表议论国家的法度就可以确立，民力就能专一。百姓从事农业则家产就会变得繁多，家产繁多就会担心迁徙，担心迁徙就会老死故乡而没有其他的考虑。相反，如果百姓舍弃农业而从事工商就会不听从命令，不听从命令就不能依靠他们来防守，不能依靠他们打仗。另外，百姓舍弃农业从事工商家产就简单，家产简单就会随意迁徙，随意迁徙国家遭遇患难之时就都会想着远走高飞，从而没有安居之心。百姓舍弃农业从事工商就会喜好耍弄智谋，喜好耍弄智谋就诡诈多端，行为诡诈多端就会在法令上耍把戏，把对的说成错的，把错的说成对的。

【原文】

后稷[1]曰：“所以务耕织者，以为本教也。”是故天子亲率诸侯耕帝籍田，大夫士皆有功业。是故当时之务，农不见于国，以教民尊地产也，后妃率九嫔蚕于郊，桑于公田，是以春秋冬夏皆有麻枲[2]丝茧之功，以力妇教也。是故丈夫不织而衣，妇人不耕而食，男女贸功以长生，此圣人之制也。故敬时爱日，非老不休，非疾不息，非死不舍。

上田夫食九人，下田夫食五人，可以益，不可以损。一人治之，十人食之，六畜皆在其中矣。此大任地之道也。

【注释】

①后稷：姬姓，名弃，黄帝五世孙，帝喾长子，周朝始祖。后稷出生于稷山（今山西运城稷山县），被称为稷王（也做稷神或者农神）。此处引后稷之言应当是古农书上的话。 ②枲（xǐ）：麻的雄株。

【译文】

后稷曾经说过："之所以要致力于耕织，就是因为它是教化的根本。"因此，天子亲自率领诸侯耕种田地，大夫和士族也都有各自的职事。正当农事大忙之时，农民不得在都城中出现，以此来教育他们重视田地里的生产。后妃率领九嫔到郊外去养蚕，到公田去采桑，因而一年四季都有绩麻缫丝之类的事情要做，以此来尽力于对妇女的教化。所以，男子不织布却有衣穿，妇女不种田却有饭吃，男女交换劳动所得便能够维持生活。这便是圣人的法度。所以，一定要慎守农时，爱惜光阴，不是年老不能够停止劳作，不是患病不能够休息，不到死日不能够舍弃农事。

种上等的田地，每个农夫必须供养九个人；种下等的田地，每个农夫必须供养五个人，所供养的人数只可增加，却不能减少。总之，一个人种田，要供十个人吃饭，饲养的各种家畜也都包括在内。这才是充分利用土地的方法。

【原文】

故当时之务，不兴土功，不作师徒[①]，庶人不冠弁[②]、娶妻、嫁女、享祀，不酒醴聚众；农不上闻，不敢私籍[③]于庸：为害于时也。然后制野禁。苟非同姓，农不出御，女不外嫁，以安农也。野禁有五：地未辟易，不操麻，不出粪；齿年未长，不敢为园囿；量力不足，不敢渠地而耕；农不敢行贾；不敢为异事：为害于时也。然后制四时之禁：山不敢伐材下木，泽人不敢灰僇，缳网罝罦不敢出于门，罛罟[4]不敢入于渊，泽非舟虞不敢缘名：为害其时也。若民不力田，墨乃家畜。国家难治，三疑乃极。是谓背本反则，失毁其国。

【注释】

①师徒：指军队。 ②冠弁（biàn）：天子田猎时的装束，在玄冠之上加以皮帽。这里指举行冠礼，以示成年。 ③籍：通“藉”，借。 ④罛（gū）罟（gǔ）：渔网，亦指女子所佩的网状香囊。

【译文】

所以正当农事大忙之时，一定不要大兴土木，不要进行战争，平民百姓除非是加冠、娶妻、嫁女、祭祀，否则就不能摆酒聚会。农民如果不是名字上通于官府，就不得私自雇佣别人代替自己耕种，因为这些事都是非常妨害农时的。如果不是同姓的缘故，男子就不得从外地娶妻，女子也不得出嫁到外地，以便能够让农民安居于一地。除此之外，还要规定关于乡野的禁令。乡野的禁令共有五条：第一，土地尚未整治，不得绩麻，不得扫除污秽；第二，未上年纪，不得从事园圃中的劳动；第三，估计力量不足，不得扩大耕地；第四，农民不得经商；第五，不得去做其他的事情。因为这些事都妨害农时。还要规定各个季节的禁令：不到适当时节，山中不得伐木取材，水泽地区不得烧灰割草，捕取鸟兽的罗网不得带出门去，渔网不得下水，不是主管舟船的官员不得以任何借口来行船。因为这些事都会妨害农时。如果百姓不尽力于农耕，就没收他们的家产。因为不这样做，农、工、商就会相互仿效，国家难以治理就会达到顶点。这就叫作背离根本、违反法度，结果必然导致国家丧亡毁灭。

【原文】

凡民自七尺[1]以上，属诸三官：农攻粟，工攻器，贾攻货。

时事不共，是谓大凶。夺之以土功，是谓稽，不绝忧唯，必丧其秕[2]。夺之以水事，是谓籥[3]，丧以继乐，四邻来虚。夺之以兵事，是谓厉，祸因胥岁，不举铚艾。数夺民时，大饥乃来。野有寝耒[4]，或谈或歌，旦则有昏，丧粟甚多。皆知其末，莫知其本真。

【注释】

①七尺：身高七尺，指成年人。古代尺小，七尺代表成年。②秕：不饱满的谷子。 ③籥（yuè）：通“瀹”，浸渍。 ④寝耒：装置不用的家具。

【译文】

凡普通百姓自成年以上，就要分别归属于农、工、商这三种职业。农民生产粮食，工匠们制作器物，商人们经营货物。施行的举措与农时不相应，就叫作大凶之兆。以大兴土木侵夺农时，叫作“延误”，结果百姓们就会非常忧虑，田地里一定连劣等的谷子也收不到。以治理水患侵夺农时，叫作“浸泡”，悲丧就会继欢乐之后来到，四方邻国就会来侵害。用进行战争侵夺农时，叫作“虐害”，灾祸就会终年不断地到来，根本没有机会开镰收割。连续侵夺百姓农时，就会导致严重的饥荒发生。田中到处是闲置的农具，农民有的闲谈，有的唱歌，早上看是如此，到了傍晚仍然照旧。农民人人无心于劳动，那么损失的粮食必定很多。人们都知道事物的末节，却没有谁知道重农这个根本。